국가와 혁명과 나

1963년 초판 그대로 다시 읽는다!
혁명가 박정희의 나라 사랑 열정과 기개!!

국가와 혁명과 나

지은이 | 박정희
엮은이 | 김정출
만든이 | 최수경
만든날 | 2025년 12월 10일
펴낸날 | 2025년 12월 20일
만든곳 | 글마당 앤 아이디얼북스
　　　　　 (출판등록 제2008-000048호)
　　　　　 서울 종로구 삼봉로 95 대성스카이 102/ 603
　　　　　 부산사무소/ 부산시 해운대구 해운대로 790
　　　　　 대림아크로텔 513호
전　화 | 02)786-4284
팩　스 | 02)6280-9003
메　일 | madang52@naver.com
ISBN | 979-11-93096-16-1(03340)

책값 18,000원

** 허락없이 부분 게재나 무단 인용은 저작권법의 저촉을 받을 수 있습니다.
** 잘못된 책은 바꾸어 드립니다.

| 책을 다시 엮으며

'하면 된다'는
박정희 기개로 난관 극복하자

김정출(학교법인 일본 청구학원 이사장)

　이번에 62년 만에 재발간하는 고 박정희 대통령, 아니 혁명가 박정희의 『국가와 혁명과 나』를 꼼꼼하게 읽고 다시 엮으며 느낀 저의 소감을 짧게 적어보려고 합니다.

　저는 재일동포 2세로 1946년 일본 아오모리현에서 태어났습니다. 아버지 고향은 경상북도 고령군이며 어머니는 경상북도 의성입니다. 두 분 다 그 당시 한국이 경제적으로 어려운 상황에서 삶의 길을 찾아 1930년대에 일본으로 건너왔고 여기저기 옮겨 다니다가 결국 아오모리현에 정착하게 되었습니다.

　해방 전, 일본에 거주하는 동포 수는 무려 200만명을 넘었습니다. 저의 부모님께서는 네 명의 자식을 키우기 위해 온갖 고생을 다 하였습니다.

제가 태어났을 때는 이미 조국이 두 개로 갈라져 있었습니다. 일본에도 남한을 지지하는 민단과, 북한을 지지하는 조총련 두 단체가 있었습니다. 그 당시는 일본 사회에서는 조선사람에 대한 차별이 심했고 그 어려운 대학을 졸업해도 거의 일자리가 없었습니다.

1950~1960년대에는 조선사람뿐만 아니라 일본사람도 생활이 어려웠습니다. 1960년에 북한으로 귀국하는 길이 열리며 많은 동포들이 북한으로 들어갔습니다. 만경봉호를 통한 일명 북송입니다. 저의 4번째 삼촌 일가도 새로운 삶의 길을 찾아서 북한행을 선택했습니다.

저는 소학교부터 대학까지 일본학교에 다녔으며 운 좋게 의사가 될 수 있었습니다. 저는 일본사람에게 지지 않기 위해 더 많이 공부하고 실력을 쌓았습니다. 1982년에 병원을 개원하고 그 후 사업을 확장하여 무료 요양원, 치매요양원 실비요양원, 유치원, 보육원, 한글학원, 나아가 한국인 인재양성을 목표로 학교법인 청구학원 츠쿠바 중학교와 고등학교를 설립하였습니다.

저를 비롯한 재일동포들은 1960년대와 70년대 북한에 대한 관심이 많았습니다. 한국에서는 1961년 5월 16일 박정희 소장를 중심으로 한 군인들이 군사혁명을 거행했다는 것도 알고 있었습니다.

1965년 한국과 일본이 국교를 정상화를 해서 일본의 경제적 지원으로 그 후 경제가 비약적으로 발전, 1988년에는 서울올림픽까지 개최하게 되었습니다. 기회가 되면 꼭 한 번 모국을 찾아가서 눈으로 직접 한국의 발전 모습을 보고 싶었습니다.

　1992년에 아버지, 어머니를 모시고 모국방문단의 한 사람으로서 한국을 방문할 기회가 왔습니다. 마음속에 그리던 부모님이 태어난 모국 땅을 밟아보니 참으로 감개무량했습니다. 신문이나 잡지에서 봤듯이 한국이 눈부시게 발전하고 있었습니다. 이 모든 것을 박정희 대통령을 중심으로 한 정권이 이루어 냈다는 것을 새삼스럽게 알게 되었습니다.

　1979년 박정희 대통령이 아쉽게도 측근에게 피살되었습니다. 이후 여러 가지 우여곡절을 겪었지만 나라의 산업화, 민주화도 달성하여 서울올림픽까지 성공적으로 끝내 전 세계의 주목받는 나라가 되었습니다. 참으로 한국 사람으로서 긍지와 자부심을 금할 수 없습니다.

　해방 후 헐벗고 굶주렸던 한국나라가 오늘 날 경제규모가 세계 10위권에 들어가는 경제대국이 된 것은 오로지 박정희 대통령의 탁월한 능력이 있었기 때문이라고 생각합니다. 그가 깔아 놓았던 것들이 밑거름이 되어서 이렇게 한국이 발전하게 된 것입니다. 그렇게 보니 박정희 대통령은 진정한 혁명가라고 볼 수도 있지요.

　19세기 중엽부터 미국이나 서양의 열강나라들이 아시아에 대거 몰려들어 개항을 요구했습니다. 모든 나라들이 식민지나 반(半)식민지가 되고 말았습니다. 유독 일본만이 열강의 식민지가 안 됐고 명치유신을 일으켜 거꾸로 조선을 식민지로 삼았습니다.

박정희 대통령은 가난한 집에서 태어났지만 아주 총명했으며, 대구사범학교를 졸업한 후 교사생활도 했습니다. 그 후 군간부 양성군관학교인 일본의 만주사관학교, 또 일본 육사 본과에도 들어가는 좋은 기회도 얻었습니다. 그러한 경력이 있으므로 해서 박정희 대통령은 여느 한국의 정치인과 많이 다릅니다.

일본이란 동양의 작은 나라가 어떻게 세계의 강국이 되었고 조선까지 식민지로 삼았는지 느끼는 점도 많았을 것이라고 생각됩니다. 그때에 일본에 대해 느꼈던 많은 것들이 한국을 발전시키는데 밑거름이 되었다고 저는 생각합니다

한국은 앞으로 일본을 잘 연구해서 일본의 좋은 점을 흡수하여 한국의 정서와 한국인의 국민성에 맞게 만들어 나가면 한국은 지금보다 한 단계 더 도약할 수 있을 것입니다.

일본을 극복하여 한국을 살기 좋은 나라로 만들어야 합니다. 박정희 대통령의 〈하면 된다〉는 정신으로 제2의 건국을 해야 한다고 봅니다.

저의 부모님께서 태어나고 자란 저의 모국 대한민국이 일본을 극복하고 세계에서 칭찬받는 선진국이 되기를 고 박정희 대통령의 역작을 읽으며 다시 한 번 진심으로 재일동포의 한 사람으로 기원합니다.
그런 연유로 독자들께는 혁명가 박정희 대통령의 열정과 기개를 그대로 전하고 싶은 마음 간절했습니다. 고민 끝에 원 저술의 표현법

을 그대로 살리며 한글 표기를 원칙으로 해 어려운 한자어에는 주석으로 뜻을 달았습니다. 책을 새롭게 엮는 작업 내내 한 혁명가의 체취에 젖어 있었던 기억이 새삼스럽게 떠오릅니다.

그는 단순히 군인이고 혁명가가 아니었습니다. 경제분석가이자 문필가이면서 국가를 사랑한 애국자였습니다. 책은 온통 혁명가 박정희 혁명정신, 즉 경제성장을 최우선하여, 종국에는 반듯한 민족국가로 개혁하겠다는 신념으로 가득합니다. 세 대목을 옮기며 글을 맺고자 합니다. 다른 부분은 이 책의 분문에서 직접 만나보시길 고대합니다.

〈마치 불 난, 도둑 맞은 폐가를 인수하였구나!
이는 본인이 구정권을 인수하였을 때의 솔직한 심경이었다. 쓸쓸한 황야 가운데 초라한 초가집을 터전으로 하여 전연 새로운 살림을 꾸려나가지 않으면 안 되었다. 그러나 조금도 놀라워할 일은 아니었다. 왜냐하면 그것은 우리가 혁명 이전에 충분히 살펴 온 현실이었기 때문이다.〉

〈땀을 흘려라!/돌아가는 기계 소리를/노래로 듣고/………//2등 객차에/불란서 시집을 읽는/소녀야./나는, 고운/네/손이 밉더라.
우리는 일을 하여야 한다. 고운 손으로는 살 수 없다. 고운 손아, 너로 말미암아 우리는 그만큼 못살게 되었고, 빼앗기고 살아 왔다. 소녀의 손이 고운 것은 미울 리 없겠지만, 전체 국민의 1% 내외의 저 특권지배층의 손을 보았는가. 고운 손은 우리의 적이다. 보드라운 손결이 얼마나 우리의 마음을 할퀴고, 살을 앗아간 것인가!〉

〈민족의 여명! 국가의 새 아침!

　김포의 혁명가도를 밟으며 본인은 밝아오는 오늘의 아침을, 그리고 그 태양을 마음 속으로 가득히 그리고 있었다. 그때 앞서가고 뒤따르던 혁명동지들의 표정은 지금도 잊을 수가 없다. 30대의 청춘을 민족에 걸고 오직 한 나라의 운명을 바로 잡으려던 저들 모습 뒤에는 사랑하는 아내와 아들 딸, 그리고 노모와 노부가 계시지 않는가! 아니 인생의 꽃으로 아직 열매조차 맺지 않은 청춘이었다. 눈물 겨웁도록 성스러운 인간상이었다. 흐르는 한강을 내려다보며, 본인은 그 강물이 어제 흐르지 않던 새 물결이었음을 깨닫기도 하였다. 묵은 것은 있을 수 없고 언제나 새로운 것으로 역사는 저렇듯 흐르는 것이다. 그것은 어길 수 없는 대자연의 섭리요 교훈이 아닌가.〉

2025년 12월 초에

| 추천사

가랑가랑한 님의 목소리가
한없이 그리운 오늘

※ 이 글은 지난 10월 26일 낮 국립 서울현충원 박정희 대통령 묘역에서 가진 제46주년 추모식에서 민족중흥회 회장의 추념사로 추천사에 갈음한다.(편집자 주)

가랑가랑한 님의 목소리가 한없이 그리운 오늘입니다.
허허벌판 산천 조목이 메마른 땅, 악착같이 달라붙은 대물림 가난의 굴레에 갇힌 백성들, 절망의 나날 그 한복판을 뚫고 "우리도 한번 잘살아 보세" 목젖이 벌겋게 달아오른 님의 사자후가 오늘 우리의 가슴을 들쑤시는 까닭을 우리는 압니다.

박정희 대통령 각하!
가신 님의 거룩한 뜻을 온전히 받들지 못한 허물을 안고 각하 서거 46주기를 맞아 님의 영전에 맘속 큰 절을 올립니다.

박정희 시대의 정수(精髓)는 "할 수 있다."는 한국인 특유의 끈질긴 근성을 일으켜 세운 협동정신입니다. 님께서 손수 노랫말을 짓고 가락을 붙인 새마을 노래는 실종됐습니다. 헐벗은 지구촌 수많은 개발도상국의 신앙적 구호가 바람을 잃었습니다. 천지개벽의 새벽을 연 위대한 유산을 홀대하는 것은 배은망덕의 극치입니다.

살아생전 유비무환(有備無患)을 절규한 박정희 대통령님의 충정이 뜨겁게 우리의 가슴에 와닿는 냉엄한 시간입니다. 우리 사회 일각에서 신중하게 꿈틀거리던 한국 핵주권론(核主權論)에 힘이 실리고 있습니다.

우리는 외우내환의 도전과 맞닥뜨리고 있습니다. 나라 세움의 뿌리를 박은 이승만 건국 대통령의 금언(金言)이 떠 오릅니다.
"뭉치면 살고 흩어지면 죽는다."
부국강병의 영웅 박정희 대통령이 외친 보배로운 또 하나의 금언이 우리의 귓전을 때립니다.
"우리는 민족중흥을 위해 이 땅에 태어났다."
두 거인의 대지(大志)를 하나로 받들어 국민 여러분과 함께 국태민안(國泰民安)의 들녘으로 달려 나갈 것을 다짐하고 박정희 대통령 육영수 영부인의 천상화락(天上和樂)을 기원드립니다.
천지신명이 보우하사 우리나라 만만세!

박정희 대통령 제46주기 추모위원장 정재호(민족중흥회 회장)

| 책머리에

이제, 우리들 앞에는 제3공화국의 영광이 기약되고 있다

1963년 7월 하순.

폭우가 쏟아지는 야반(夜半: 한밤중) 영시.
그때 나는 서재의 일우(一隅: 한쪽 구석)에 앉아 붓을 멈추고, 멍하니 비에 젖어가는 밤의 가로를 내다보고 있었다.

문득 거리로 뛰어나가 내 재주로 저 비를 막거나, 아니면 저 비 때문에 수없이 울고 있을 동포와 더불어 이 밤을 지새워 보고 싶은 격정을 느꼈다.
오천년을 하루같이 시달려 온 이 피곤한 민족이 모처럼 일어서려는 비장한 마당에, 다시금 하늘은 시련을 내리다니.

그러나 우리는 일어서야 하고, 이 고비를 싸워 넘어서야 했다.

민족의 시련과 내일의 영광을 위하여 하늘은 시험을 우리에게 주고 있는 것이다.

나는 며칠 전 청와대에서 모 외국 인사를 접견하고,

〈이 나라의 야당들이 바란 것처럼, 내가 2·27 선서(2·27 宣誓: 1963년 박정희의 민정 참여선언)대로 하였더라면 오늘 이 풍수해와 식량 걱정은 야당들이 할 뻔하였소. 국난을 당하여 도피할 수 없는 나의 결의가 오늘 이처럼 나를 괴롭히게 하였소.〉

하면서 웃어넘긴 적이 있다.

본인은 지난 한 동안 인위적 재난(災難) 또는 자연의 재화(災禍)를 혼자 도맡았다.

그러나 본인은 격랑 속의 독주(獨舟: 외로운 배)를 저어가는 사공일지언정, 조금도 낙망하지 아니하고 실의하지 아니했다. 그 파도의 물결이 모질면 모질수록 더욱더 강해져 가고 있고 또한 불퇴전(不退轉: 물러서지 아니함) 결의에 불타고 왔었다.

이제, 우리들 앞에는 제3공화국의 영광이 기약되고 있다.

이 역사적인 시간이 영원한 민족의 희망 있는 구름다리가 될 것이냐, 아니면 절망의 단애(斷崖: 깎아 세운 듯한 낭떠러지)가 될 것이냐는 오로지 국민의 판단에 달려 있다. 신의 섭리로써 이제는 우리도 행복하여질 수 있는 권리를 가졌다고 할진대, 반드시 민족의 예지(叡智: 사물의 이치를 꿰뚫어 보는 지혜롭고 밝은 마음)는 소평(昭平: 일이 환하고 평안함)한 대도를 발견해 줄 것으로 확신하고 있다.

여기 장엄한 역사의 단원에 즈음하여 심정은 담담하다.

본인은 기간(其間: 그간) 많은 것을 느꼈고, 많은 것을 보았고, 많은 것을 체험하였으며 또 한없는 의욕에 불타고 있다.

본인은 정무의 여가 여가(정무를 하는 사이 사이) 뇌리에 오가는 생각들의 원광(圓光: 진리의 광명)을 좇아 한줄 두줄 흩어진 소감을 정리하여 보았다.

문필가가 아닌 나의 졸문이라 읽기가 역겨울 것이지만, 이 보잘 것 없는 한 단편의 글이 애국하는 싹에 거름이 된다면 더 바랄 것이 없겠다.

1963년 신추(新秋: 초가을), 장충단 공관에서
저자 근식(謹識: 삼가 글을 올림)

책을 다시 엮으며	3
추천사	9
책머리에	11

서장 - 국가 · 민족 · 역사의 명제　　　　　　　　18

제1장

혁명은 왜 필요하였는가?
- 1960년대의 국내 정세

1. 30억불 수원(受援)의 내역과 그 전말

1) 48% 대 52%의 국가예산	28
2) 시설재냐 소비재냐	32
3) 잉여농산물 도입과 한국의 농촌	38
4) 소비재 치중 원조와 그 결과	42

2. 파탄(破綻)에 직면하였던 민족경제

1) 국민총생산과 산업구조	46
2) 공업화의 원동력과 석탄 문제	48
3) 놀라지 않을 수 없던 전력 사정	50
4) 버림받은 지하자원	52
5) 국가관리 기업체의 파탄	55
6) 34개 주요 기업체의 단면	58

3. 4·19혁명의 유산과 민주당 정권 　　　　　　　63

4. 폐허의 한국사회 　　　　　　　　　　　　　　70

5. 5·16혁명 - 혁명의 공약 　　　　　　　　　　73

제2장

혁명 2년간의 보고

1. 구악(舊惡)의 청소와 환경정리	79
2. 혁명 2년간의 경제	
1) 제1차 경제개발 5개년 계획	83
2) 외자도입 실적과 그 개관	89
3) 산업 부문별의 실적	95
4) 각 중요 산업별 실적의 검토	98
5) 주요 생산품 생산 실적	105
6) 기간산업의 건설	105
7) 정부직할 기업체의 운영 합리화	112
8) 농림·행정부문	113
9) 교통·체신부문	114
3. 적극 외교에 나서다	116
4. 문화·예술·교육	118
5. 재건국민운동	123

제3장

혁명의 중간결산

1. 혁명과 나	129
2. 자아비판과 반성	132
3. 나의 심경	
1) 지위를 바라지 않는다	135
2) 2·27선서와 나	137
3) 3·16성명 - 4·8성명	139
4) 국민의 의사에 복종	142

4. 혁명은 꼭 성취되어야 한다
   1) 혁명의 본질과 반동 요소   **144**
   2) 진정한 국민층을 바탕으로   **145**

제4장

세계사에 부각된 혁명의 각 태상(態像)

1. 혁명에 성공한 각 민족의 재건 유형
   1) 중국의 근대화와 손일선(孫逸仙: 손문) 혁명   **153**
   2) 명치유신과 일본의 근대화   **161**
   3) 〈케말 파샤〉와 토이기(土耳其: 터키) 혁명   **167**
   4) 〈나세르〉와 〈에지프트〉(이집트) 혁명   **177**
2. 중근동(中近東)과 중남미(中南美)의 혁명 사태   **191**
3. 혁명의 각 태상(態像)을 보고   **196**

제5장

〈라인〉강의 기적과 불사조의 독일 민족

1. 지상 최대의 비극과 패전국 독일   203
2. 〈라인〉강의 기적   206
3. 이 기적의 요인   209
4. 백억불의 미국 원조와 한국동란의 영향   213

제6장

우리와 미·일관계

1. 한·미간의 관계   218
2. 한·일간의 관계   225

제7장

조국은 통일될 것인가

1. 민족의 비극 38선   231

2. 분단에 몸부린 친 18년사   233

3. 통일을 위한 우리의 각오   237

제8장

우리는 무엇을 어떻게 할 것인가

1. 5천년의 역사는 개신(改新)되어야 한다

  1) 퇴영(退嬰)과 조잡(粗雜)과 침체(沈滯)의 연쇄사   243

  2) 개신(改新)의 시점에 서서   246

2. 새 정치 풍토의 마련   249

3. 자립경제의 건설과 산업혁명

  1) 경제위기와 혁명의 목표   255

  2) 10년 전쟁의 어귀에 서서   259

  3) 전국민의 청명(聽明)과 피·땀·인내를   262

4. 이상혁명과 민주적 현실

  1) 이상혁명과 조용한 개혁   270

  2) 국민의 진정한 민주주의적 판단   278

5. 조국의 미래상   281

6. 친애하는 동포에게   284

편집후기   291

| 서장

국가 · 민족 · 역사의 명제

　경애하는 국민제위(國民諸位: 국민 여러분)가 현찰(賢察: 미루어 살핌)하는바와 같이 지금 우리 조국의 역사는 실로 존망의 간두(竿頭: 막대기의 끝)에 서 있다. 유사 이래로 세계의 그 어느 민족, 어느 국가도 일찍 겪어보지 못한, 감내(堪耐: 참고 버티어 냄)할 수 없는 이 중난(重難: 중대하고도 어려운)한 시련을 싸워 이겨 뚫고 나가느냐, 아니면 우리의 용기와 예지와 인내의 부족으로 이 투쟁에 참패되어 다시는 일어 설 수 없는 곤욕(困辱)의 심연(深淵)으로 빠지고 마느냐의 중대한 기로의 한복판에 서 있다.

　단군 성조(聖祖: 거룩한 조상) 국기(國基: 나라의 터전)를 세운지 오천년.
　이 민족은 겨우 삼천리의 좁은 변강(邊疆: 나라의 경계가 되는 변두리 땅) 속에서 세계에서도 드문 순혈 동포이면서도, 혹은 분방(分邦:

나라가 쪼개짐) 혹은 상잔을 거듭했다. 오랜 세월 동안 두터운 봉건 속에서 빈곤과 나락과 안일(安逸: 쉽게 여김) 무사주의(無事主義: 모든 일에 말썽 없이 대강 지내려는 경향)의 악순환 속에서 분열 파쟁만을 일삼아 왔다. 순수한 동포 민족, 천혜의 금수강산, 무비(無比: 견줄 만한 게 없음)의 고유문화를 지녔으면서, 알맞은 국토, 알맞은 인구, 알맞은 자원을 가지고도 단 한번 국가다운 국가를 세워 보지 못하였음이 오늘까지의 우리 역사이다.

생각하면 참으로 곤욕과 혈루(血淚: 피눈물)에 점철된 것이 우리의 역사였다. 스스로 통탄과 비분과 치욕을 금할 수 없는 우리의 과거였다.

안으로 이러한 일로 지내 내려온 민족이 어찌 밖을 내어다 볼 수 있겠는가. 변경을 넘어 해외에의 웅비는 고사하고 한 치의 앞마저 내어다보지를 못하고 항시 중·일·노(露: 러시아)의 강압 속에 숨 막히는 질식생활을 영위하여온 우리 민족이었다.

1945년 8월 15일-

그것은 확실히 이같이 지루하도록 지속되어온 오랜 침체의 역사로 하여금 결정적인 종막을 고하게 하는 새 민족사의 기점이었다.

그러나, 그후 19년간의 역사가, 창업의 기점이 되기는커녕, 언제나 새로운 악순환의 반복에 불과하지 않았는가. 자유·민주 양당 정권이 역사적으로 짊어져야할 죄책의 심도가 바로 거기에 있다.

그들이 독재와 부패와 무능과 나태(懶怠)주의로 국사를 엉망으로 만들어 놓은 일도 용서할 수 없으려니와, 그보다 더 큰 죄는 실로, 반만년 만에 처음 만난 신민족국가 창건을 위한 천재의 호기를 윗길(어떤 하나의 길)로 오도(誤導: 그릇된 길로 이끔)하고 모처럼 뻗으려는 세찬 재기의 기운을 저지한데 있다.

이리하여, 우리 민족은 영영 기회를 놓치고 피곤한 배신의 쓴맛을 만끽해야 했으며, 20년 가까운 세월을 도로(徒勞: 헛고생) 속에 허송해야 하였다.

해방 이후, 우리 민족이 수확한 것은 과연 무엇이었던가.

60만으로 편성된 세계 4위의 강군을 가졌고, 상당한 수의 건물과 공장을 짓기는 하였다.

그러나, 그것이 아무리 값진 것이라 하더라도, 해방 풍조로부터 시작된 정신적 타락, 망국적 외래풍조, 이에 깃든 부패, 허영, 나태를 능가할 수도 없으려니와, 또 38선으로 분단된 민족 단장(斷腸: 창자가 끊어질 듯한 슬픔)의 비극을 메울 수도 없는 것이다.

요컨대, 해방 후 19년간의 총결산.

그것은 얻은 것보다는 잃은 것이 더 많은 반면에, 단 하나의 소득이 있었다면 덮어놓고 흉내 낸 식의 절름발이 직수입 민주주의의 강제 이식이 있었을 뿐이다.

피곤한 5천년의 역사. 절름발이의 왜곡된 민주주의, 텅 빈 폐허의 바탕 위에 서서 이제 우리는 과연 무엇을 어떻게 하여야 할 것인가.

바로 이 명제야말로 국가의 명제요, 민족의 명제이며 역사의 명제이다. 2천4백만 동포가 이 명제의 해결을 위하여 총정렬할 때는 왔다.

우리들은 이 점에 대하여 고두(叩頭: 머리를 땅에 조아림) 사색하고, 있는 혜지(慧智: 총명하고 지혜로움)를 찾아내어 일대 국론을 제고하지 않으면 안 된다.

4·19에 이은 5·16혁명

그것은 바로 서상(叔上: 앞서 언급한 것)의 명제를 색출, 발견하기 위한 민족정기의 진통 결과였고, 이 혁명의 국민혁명으로의 승화는 바로 이 명제에 해답하기 위한 역사에의 민족적 총궐기(總蹶起: 함께 힘차게 일어남)를 뜻한다.

〈국가와 혁명과 나〉

이것은 본인의 국가관을 말하는 것이요, 본인의 혁명관을 말하는 것이며, 또한 자신의 인생관을 말하는 것이다.

국민제위께서 양찰(諒察: 잘 헤아려 살핌)하는바와 같이, 본인은 자신이 바라든 안 바라든 즉히(卽히: 곧) 국가와 민족과 역사를 떠나 분리될 수 없는 처지에 있으며, 혁명의 책임자로서 만금 같은 사명감에 중압되고 있다.

본인의 종래 생장과정이 전혀 그러한바 없었던 바는 아니었으되, 특히 5·16을 기점으로 한 지금의 본인은 조국과 민족과 역사 앞에 자신의 생명을 걸지 않을 수 없게 되어있다.

본인이 선 위치, 그것이 정계이고 군이고 초야이고를 막론하고, 나라 국민의 한 사람으로 직접 보고 느끼고, 결심한 바에 따라, 민족혁명의 결실을 위하여 전부를 바치려 한다.

국민제위가 아는 바와 같이 침체된 사회의 타파에는 왕왕 혁명관을 필요로 할 때가 있다. 그러나 유약한 후진사회의 연쇄반응적 혁명의 반복은, 때에 따라 혁명 이전보다 더한 파멸을 초래할 수도 있다.

그런 고로 혁명은 본시 함부로 있을 수 없는 동시에, 만약 있다면 분명히 국가와 국민과 역사의 절대적 요청에서만 있어져야 하며, 그러한 혁명이 일단 제기된 이상은, 오직 개인을 떠나 공(公)에 순(殉: 목숨을 걸다)하려는 구국의 신념과 정확한 관찰, 명석한 판단, 불굴의 투지를 가지고 궁극의 목표를 향하여 굳세게 전진하지 않으면 안 된다.

올바른 혁명의 발생 자체가 국가, 국민, 역사의 요청을 바탕으로 이루어진 것인 이상, 이 혁명의 완수는 전국민적 공동의식, 공동노력, 공동책임 하에 성취되지 않으면 안 된다.

이러한 공감, 공동운명감이 없이, 혁명의 국민화나 성공은 기대할 수 없다.

5·16 민족혁명

이것은 위에 논급(論及: 어떤 데까지 논함)된바와 같이 단순한 정권 교체가 아니고, 멀리는 분방(分邦)과 상잔(相殘)의 고(苦: 아픔), 중세대, 가까이는 이조 5백년간의 침체와, 왜제(倭帝: 일제) 36년간의 피맺힌 학정(虐政: 가혹한 정치), 해방 이후 이질적인 구조 위에 배태(胚胎: 속으로 가짐)된 각가지 고질(痼疾: 고치기 어려운 병)을 총결산하여 다시는 가난하지 아니하고, 약하지 아니하고, 못나지 아니한 예지와 용기와 자신을 가진 신생 민족의 우렁찬 신등정(新登程)임을 뜻한다.

그러므로, 이 혁명은 그 계기 자체가, 한국 근대사 전환이며, 해방 전후 다음 가는 제3의 출발이자, 민족중흥 창업의 마지막 기회인 것이다.

그런 고로 이 혁명은 정신적으로 주체의식의 확립혁명이며, 사회적으로 근대화 혁명이요, 경제적으로는 산업혁명인 동시에, 민족의 중흥 창업혁명이며, 국가의 재건혁명이자, 인간개조, 즉 국민개혁 혁명인 것이다.

우리는 이제, 이 같은 혁명의 소산으로 제3공화국을 수립하려 하고 있다.

이 제3공화국의 양상 여하에 따라, 앞으로 민족 구원의 목표가 이룩되느냐 안 되느냐가 판가름될 것이다.

우리는 여기에 있어 그 기초작업으로 허다한 일들을 처리하여 왔다.

그것은 최대한의 체질개선, 세대교체, 사회정화, 각 구조의 개신을 통하여 새로운 철학과 새로운 바탕 위에 새로운 국가를 건설할 수 있는 소지를 마련하지 않으면 안 된다.

이 혁명의 전정(前程: 앞으로 가야할 길)에는 정해진 시한이 없다.

제3공화국의 수립만으로 혁명이 끝나는 것도 아니요, 어디에서 어디까지라고 기한이 정해질 수도 없다.

이 혁명은 민족의 영구혁명이다.

우리가 발견하고, 생각하고, 지향하는 목표가 구체적으로 결실을 볼 때까지 이 혁명은 대대로 계승되지 않으면 안 된다.

엄격한 의미로서 혁명의 본질은, 본시 근본적인 정치사상의 변혁을 뜻한다.

그러나 한국에 있어서의 양차(兩次: 두 차례)의 혁명은 이런 점에 있어 한계가 제약되어 있고, 그 혁명의 추진에 각양의 제동작용이 수반되고 있다.

우리는 공산주의를 반대하고 자유민주주의를 원칙으로 함을 벗어날 수는 없다.

민주주의의 신봉을 견지하는 한, 여론의 자유를 막을 수는 없다.

〈토론의 자유〉 속에 〈혁명의 구심력〉을 찾아야 하는 혁명.

바로 이것이, 본인이 추구하는 이상혁명이다. 그러나, 그것은 매우 힘이 들고 어려운 길이다.

그러나, 우리는 이 힘 드는 역정을 싸워 극복하지 않으면 안 된다.

정치활동의 자유를 허용한 이후의 사태는 혁명의 순수성에 큰 변화를 가져왔다.

고고한 상아탑 속의 신화가 시장의 상품처럼 속화(俗化: 저속하게 됨)되었다.

우리는 이 공개된, 시비의 세상, 머리에서 긍정과 이해를 구하지 않으면 안 된다. 이 논쟁의 승패 여부는, 곧 혁명이 승화되느냐, 다시 역사가 오욕(汚辱)되느냐의 판가름이 될 것이다.

본인은, 여기에 한 여가(餘暇)를 빌어, 다시 붓을 들고, 〈왜 혁명은 필요하였는가〉를 새삼 회고해 보면서, 그간의 발자취와 내일에의 희망 등을 엮어보기로 하였다.

이것은 오로지 본인 자신은 물론, 모든 혁명 동지 자신의 반성과 새로운 각오에 대한 거울로 삼음과 아울러 국민제위에 대한 절실한 호소이자, 참고의 일단에 드리려는 단심(丹心: 정성스러운 마음)에서이다.

제1장

혁명은 왜 필요하였는가?

1. 30억불 수원(受援)의 내역과 그 전말
2. 파탄에 직면하였던 민족경제
3. 4·19혁명의 유산과 민주당 정권
4. 폐허의 한국사회
5. 5·16혁명 / 혁명의 공약

제1장

혁명은 왜 필요하였는가?

▎1960년대의 국내 정세

우리는 왜 혁명을 일으키지 않을 수 없었는가.

또 국민은 왜 이 혁명을 지지하였는가.

우리는 이 점에 대하여, 그 논리적 근거를 분명히 하여둘 필요가 있다.

본시, 혁명은 그것이 아무리 좋고 훌륭한 것이라 하더라도, 얼마간의 반대세력은 의례(依例: 전례를 따름) 따르기 마련이다.

더구나, 구정치인에 대한 정치활동을 전면적으로 해제한 이후 상당수의 그들이 혁명의 필연성을 부정 내지 비난함으로써 국민의 판단을 오도케 하고 또한 현실에 대한 불만을 과장, 선동함으로써 최대한의 반사적인 자가 이득에 급급(汲汲)하고 있다.

일이 국가와 민족의 운명에 관계되는 이상, 우리는 이러한 일들을 감상적인 한 인간의 과거사처럼 간단히, 건망증의 피안(彼岸: 현실 밖의 세계, 깨달음의 세계)에 묻어 버릴 수는 없다.

과거가 없이 현재가 없고 현재가 없는 곳에 미래가 없는 것처럼, 원인 없는 곳에 결과는 있을 수 없는 것이다.

4·19의 학생의거, 그리고 5·16의 군사혁명은 해방이후 16년간의 정치와 무관하여야 할 이들의 특수사회 이외에는 혁명으로서 국가와 민족을 구할 만한 용기와 정열, 그리고 힘이 없었기 때문이다.

무슨 까닭으로 학생은 연학(硏學)을 잠시 두고, 군인은 국토방위의 임무를 뒤로 하고 혁명의 대열에 참가하지 않을 수 없었던가.

그것은 혁명 2년이 지난 오늘날, 이 시각에 와서 새삼 강조할 겨를조차 없이, 혁명이 없었던들 정작 나라는 망하였을 것이고, 도의는 지금쯤 찾아볼 길조차 없었을 것이기 때문이다.

호언장담하는 정객에 구국의 기적을 바란다는 것은 이미 너무나 때가 늦었고, 지칠 대로 지친 민간사회에 이를 기대하기에는 사실 무리가 아닐 수 없었다.

도대체(都大體), 그토록 절망적이고 절박한 상황이란 어떤 것이었던가.

이하, 본인이 혁명 당시 뼈저리게 느꼈던 몇 가지 단상을 회고하여 국민제위의 판단에 자코자(資코자: 도움이 되고자) 한다.

1. 30억불의 수원(受援) 내역과 그 전말

무릇 인간생활에 있어 경제는 정치나 문화에 앞서는 것이다.

이렇게 볼 때, 우리 한국 민족의 경제적 사정은 더욱 절실한바가 있다.

멀리는 이조대(李朝代)의 자체적 빈곤과 일제정시(日帝政時: 일제치하 때)의 혹독한 식민지적인 수탈, 가까이로는 해방 후 국토분단에서 초래된 자원의 불균형과 1950년 대의 6·25 동란 등으로 민족경제는 완전히 탄진화(炭盡化: 다 타서 사라짐)된 데다가 국가의 재화마저 일실(逸失: 잃어버림)의 운명에 당면하였다.

경제적으로 자립 자력이 없는 한 인간은 끝내 남을 의지하지 않으면 안 되듯 이의 자립 없이, 한 민족이나 국가의 온전을 기대하기란 문자 그대로 연목구어(椽木求魚 혹은 緣木求魚: 나무에 올라가서 물고기를 구하다, 불가능한 일을 굳이 하려 함) 격이 아니겠는가.

과연 우리의 경제 실정은 어떠하였을까. 통계로 살펴보면 이렇다.

1) 48% 대 52%의 국가예산

해마다 수많은 국민들은 굶주림과 싸우지 않으면 안 되었다. 사람이 먹고 산다는 그것은 하등 사치도 아니고 지나친 욕심도 아니다. 지극히 좁은 개념 하에서 보장되어야 할 최극소의 권리에 불과하다. 이것이 문제된다니 참으로 우리들의 생활은, 생존의 연장 이외 하등 생의 목적이 없다는 결론이 나온다.

물론 이것은 어제 그제에 비롯된 것은 아니다. 우리의 선조들은 이렇게 억울한 한 평생을 살다 가셨다.

그러나 이 같은 비극의 역사에 매듭을 지을 때가 왔다. 다시는 우리의 착하고 귀한 자손들에게만은 그와 같은 운명적 유전(遺傳: 전해 내려옴)을 물려 줄 수는 없는 것이 아니겠는가. 그러나 우리의 과거는 너무나 사명감을 저바렸다(저버렸다).

국가의 기간산업인 공업수준은 말이 아니었고, 농촌은 농촌대로 그 피폐상(疲廢相)이 목불인견(目不忍見: 눈 뜨고는 차마 볼 수 없음)의 참상에 이르렀고, 도시에 넘치는 지식층의 실업군은 너무도 딱하였다.

이상의 사정은 무슨 연유에서 비롯되었는가. 두 말 할 것도 없이 가난에서 온 것이다. 나라가 가난하였기 때문이다.

나라가 가난하였다고 하지만 기실 얼마나 가난하였던가. 여기에 하나의 산 자료가 있다.

혁명이 나던, 1961년도 민주당 정권의 추가경정예산안이 바로 그것이다.

총규모 6,088억환(圜)의 내역인즉, 국토개발 사업비조로 제공된 잉여농산물 1,000만불을 환산한 130억을 합하면 미(美國) 대충자금(對充資金: 미국 원조물자의 달러화 표시가격의 합)의 총규모는 3,169억환으로 이는 국내자원 2,919억환에 대하여 52%의 비율이다.

이같이, 국가운영의 기본살림인 나라의 예산마저가 절반을 넘도록 미국에 의존하고 있었던 것이다.

독립된 국가이면서도, 통계상으로 보는 한국의 실가치(實價値)는 48%에 불과한 것이었다.

달리 말을 바꾸어 본다면, 한국에 대한 미국의 발언권은 52%를 차지하고 우리는 그만큼 의존되지 않을 수 없다는 의미도 된다.

동시에 그것은, 한국에 대한 미국의 관심도를 나타내었다고 말할 수 있을 것이다. 미국의 원조가 없으면 우리 정부는 당장에 문을 닫게 된다는 것을 극적으로 표시하는 것이기도 하다.

물론 우리는 이러한 사정을 들추어서 촌호(寸毫: 조금, 터럭만큼)도 의식적인 곡해를 일으킨다거나 감사하는 마음에 검은 보자기를 씌우려 하는 것은 아니다.

고마운 것은 어디까지나 감사하여야 하는 것이다. 왜냐하면 이것은 어디까지나 예의에 관한 것이기 때문이다.

우리도 미국에 대하여 무엇인가, 큰 공헌을 하고 있다고 기억된다. 틀림없이 한국에 대한 미국의 원조에는 무슨 까닭이 있으리라 믿고 있다.

그러나 문제는 상대적인데 있는 것이 아니고, 어디까지나 우리 자체에 있는 것이다.

원조의 금액이 몇 푼이고 간에 그것이 우리 살림살이 이외의 건설을 위한 웃돈으로 받는 것이라면 더 말할 여부가 있으랴.

그런데 불행히도 그 많은 원조의 대부분이, 이 나라 살림살이의 기본 밑천으로 날아가 버렸다.

이러고도 우리는 과연 독립된, 자유 민주주의의 주권국가라고 자부할 수 있을 것인가. 참으로 딱하고 기막힐 일이 아닐 수 없다.

한 국가나 한 개인의 살림살이에서도 우리는 많은 공통점을 가지고 있다.

분가(分家)의 경우에서 우리는, 국가의 사정을 충분히 터득할 수도 있다.

본가의 원조에 의존한다고 하더라도 그것은 오래 지속도 하기 힘들거니와, 또한 무작정 앉아서 받아먹기란 사실 고될 뿐만 아니라, 한 가장으로서도 체면이 말이 아닐 것은 분명한 일이다.

더구나 본가의 사정이 여의치 않거나 그 부모에 불행이 닥쳤을 때는, 연쇄적인 반응을 입게 될 것은 당연하다.

그러므로서 당사자는 평소, 이러한 사태를 예측하고 준비하여야 하는 것이다.

자수성가하는 각오와 노력을 게을리 할 수는 없을 것이다. 이렇지 않고 어찌 장래를 관망하여 나갈 것인가.

황차(況且: 하물며), 남남끼리의 경우는 참으로 민망하고 딱하다.

어떤 사람을 위하여, 무슨 일을 하여주었다거나, 또는 하고 있다는 것 하나만의 일로서 자신의 생활능력 부족을 말하며, 그 생활비의 절반, 또는 그 이상을 10년이고 20년을 신세진다고 가정만이라도 하여보라. 실로 아찔할 결론은 명약관화(明若觀火: 불을 보듯 뻔함)하다 할 것이 아니겠는가.

우리가 나라의 살림을 이 지경으로 끌고 온 지가, 어언(於焉) 20년을 내다보게 되었다.

언제까지나 이러고만 앉아서 지낼 것인가. 별단(別段:각별)의 결의와 용기 없이, 무감각하게 방관만 하고 있을 것인가.

내일이라도 미국의 원조나 관심이 끊어진다면 우리는 무슨 대비를 강구할 것인가.

더구나 전투나 정치 이전에 앞장서는 경제전에 있어, 강력한 대적

(大敵)을 38선 저쪽에 두고 있는 현정세 하를 생각한다면, 일시라도 머뭇거릴 수도 없고 사고(思考)할 겨를조차 없는 것이다.

총력을 민족경제의 타개에 집결케 하고 부흥에 일로매진(一路邁進)이 있을 뿐이다.

하루라도 빨리 자주경제를 확립하고 내 살림을 내가 맡아 해 나가는 숙원을 이룩하여야 한다.

1961년 5월 이전, 본인으로 하여금 혁명을 거사케 한 직접적인 주요 목표가 바로 이것이었다.

자주! 그것은 오직 자주경제 이외에 잡을 그물이 없는 것이다.

2) 시설재냐 소비재냐

그러면, 정부예산에 대한 미국 대충자금의 이와 같은 비중은 예산 이외로 제1차산업, 제2차산업, 제3차산업 등 자립경제 건설을 위한 시설 원자재 등의 공업화와 기타 전반 경제부문에 대한 지원을 다한 나머지의 잉여자금 처리에서 나타난 현상인가. 본인은 그렇지 않은 것으로 알고 있다.

1960년 12월호 한국은행 조사월보에 의하면, 해방 후 즉 1945년부터 1959년까지 이 기간에 269,000만불에 달하는 미국 원조를 받아 왔다. 이 막대한 돈을 가지고 우리는 무엇을 하였던가.

이같이 방대(尨大: 규모나 양이 매우 크거나 많음)한 규모의 원조를 받았으면서, 국가의 기간산업은 후진국의 초보상태에 답보되고 있었을 뿐, 중소기업(산업), 수출산업은 위축될 대로 되어 극심한 수요부족과 물가의 앙등(昂騰: 뛰어오름), 수출의 부진으로 해마다 수천만 불을 산(算)하는 국제수지의 역조를 나타내고 있었다.

　전반적인 경제의 이 같은 결과는, 수백만의 실업자와 연년(年年) 수만호에 달하는 절량농가(絕糧農家: 쌀이나 보리 등 양식이 떨어져 밥을 먹기 힘든 농가)의 속출을 낳게 되었고, 지난날의 미곡 수출국으로서의 위치는 막대한 외곡도입으로 겨우 현상 유지할 수 있는 선까지 후퇴하였다. 그뿐인가, 혹심(酷甚)한 물가고와 통화의 팽창(膨脹)으로 〈인플레〉는 크게 국민생활을 위협하였다.
　이리하여 한국은 1960년대의 5~6년 동안 불과 4~5%의 경제성장률을 시현하여 왔을 따름이다.
　보통, 미개발 후진국의 경우에 보면, 그 경제성장률이 7~12%선을 상하회하는 데 비하여 우리의 실수(實數)는 그 사정을 여실히 말하여 주고도 남음이 있는 것이다.
　그러면, 악순환과 침체와 퇴보 속에 소용돌이치게 된, 그 원인은 어디에 있다 할 것인가.
　물론, 이것은 앞에서도 언급한 바 있는 국토의 분단, 그리고 6·25 동란과 수백만을 헤아리는 월남 피난민 등 불가항력적인 요인이 없지 않은 것은 아니다. 그보다도 우리가 여기서 새삼 간과할 수 없는 것을 몇 가지 들자면,

　첫째, 원조하는 미국 측이 우리가 절실히 필요로 하는 내용과 거리가 먼 방식을 취(取)하였다는 것이다.
　둘째, 우리 한국 측의 정책 빈곤과 세력의 부족, 그리고 구(舊)정권

의 부패 등이다.

자립경제 확립의 중핵이 되는 생산성 증대를 위한 공업화가 원조 당국의 정책상 차질로서 전연(全然: 전혀) 소기의 목적을 달성할 수 없었다는 것은 ICA원조(1955년 이후 미국이 국제협조처(ICA)를 통해 한국에 제공한 경제원조)의 시설부문과 원자재부문에 대한 원조 비율을 보면 쉽게 이해가 갈 것이다.

생산성의 증대를 위한 공업의 발전이 공업시설의 신설, 확장에 있음은 췌론(贅論: 쓸데없는 이론)을 요하지 않는다.

그런데 여기서 1955년으로부터 1959년까지의 5년간에 걸쳐 ICA가 제공한 시설부문과 원자재부문에 대한 원조 비율을 보면 다음과 같다.

1955년도

시설부문	9,746만불(47.4%)
원자재부문	10,835만불(52.6%)

1956년도

시설부문	8,539만불(31.4%)
원자재부문	18,565만불(68.6%)

1957년도

시설부문	9,272만불(28.7%)
원자재부문	23,053만불(71.3%)

1958년도

시설부문	6,389만불(24.1%)
원자재부문	20,173만불(75.9%)

1959년도

시설부문	4,361만불(22%)
원자재부문	16,468만불(78%)

 이상에서 보는 바와 같이, 이 무렵의 미국 원조가 우리가 요망하는 공업생산시설에 대하여 얼마나 인색하고, 되려 원하지도 않는 소비재분야에만 적극적이었다는 것을 알 수 있다.

 1953년에 원조를 시작하여 동(同) 1954년까지의 2년간, 초보단계에서 이 기구가 제공하여준 8,800만불까지를 합한 전기(前記) 1959년까지의 7년간에 있어서 한국의 공업화를 위한 시설부문 원조가 불과 20~40% 내외를 맴돌고 있을 뿐이었다.

 이 외에도 이러한 편중 경향은 1955년의 47%에서 1959년의 22%로 더욱 격감(激減)되었다는 것은 주목할 일이며, 원조를 가운데 두고 양국간의 견해가 그만큼 날이 갈수록 멀어져 갔다는 것도 간과할 수 없는 일이 아닐 수 없다.

 그리고 이 정도의 시설부문 원조마저도 총액 38,308만불 중, 철도를 중심한 교통부문의 17,662만불에 비하여 광업, 전력, 제조, 가공업 등을 내용으로 하는 광공업부문은 11,076만불에 지나지 않았고, 이 두 부문을 제외한 나머지 9,570만불이 농업 및 자연자원과 보건위생 부문에 쓰여졌다.

이 가운데 특히 우리의 입장으로 가장 절실히 요청하여 마지않는 제조, 가공업분야는 겨우 5,733만불로서 미국으로서는 정반대로 전혀 경시한 것이었다.

원자재부문에 있어서는 5개년간의 총액 89,097만불 중에서 소맥, 대맥, 원당, 원면을 내용으로 하는 농산물이 21,411만불이고 석유, 유연탄 등을 내용으로 하는 연료가 11,396만불을 차지하고 있다.

여기서 국가적 입장으로 볼 때, 이같이 방대한 잉여농산물, 휘발유 등속(等屬: 나열한 것의 종류)의 도입이 우리의 농촌과 도시에 어떠한 영향을 가져왔는가에 유념하면서 이같은 불합리한 점에 대하여는 다시 별항에서 논급(論及: 어떤 지점까지 논함)하기로 하고 이 원조문제에 대하여는 좀 더 시간을 두고 다시 검토하기로 하겠다.

이상에서 말한 바와 같이 한국경제의 재건을 주목적으로 한 ICA 이외에도 우리는 몇 개의 기구로부터 원조를 받은바 있다.

즉, 미국의 점령지역 행정구제계획과 경제협조처 미 공법에 의한 원조활동 이외에 국제연합 기구로서 국제연합 구호기구 및 국제연합 한국재건단 등이 그것이다.

이중 미국의 점령지역 행정구제계획에 의한 원조사업은 1945년 미군의 남한 진주(進駐) 이래 1949년말까지의 5개년간에 5억불의 예산으로 경제원조와는 상관없이 순전하게 구호물자 제공으로 해방수습(解放收拾) 구호자금으로 쓰여진 것이었다.

그후 산업개발을 목적으로 하는 경제협조처(ECA)의 활동이 1949년에 시작을 보았으나 그 익년(翌年: 바로 다음 해) 1950년에 발생한 6·25 동란으로 인하여 이 기구는 1953년까지의 기간 중에 불과

10,915만불을, 그것도 전란의 격동 속에 이렇다 할 소득 없이 소위 낭비성 원조에 그치고 말았다.

국제연합 한국재건단(UNKRA)이 창설되어 한국의 경제재건을 기도하였으나 자금의 부족, 운영기구의 불합리 등의 사정으로 하여 단지(單只) 12,160만불, 그것 역시 지극히 산만하게 제공되었던 것이다.

이상에서 보는 바와 같이, ICA 이외의 한국관계 원조기구들이 제공한 각종 원조는 그것이 한국의 경제재건이란 기치(旗幟: 깃발 혹은 내세우는 태도와 주장)나 지상과제와는 달리 거의 전부가 해방과 미군 진주를 전후한 혼란기의 수습과 6·25 동란의 극복을 위한 전재수습(戰災收拾: 전쟁의 재앙을 정돈해 바로잡음) 자금으로 사실상 전용됨으로써 한국경제의 향상이나 개발은 염두에 조차 없이 순전히 소비재로, 즉 순소비성 원조에 그친 것이다.

1953년 ICA를 통하여 미국은 단독 원조에 나섰다. 동년 12월 한미합동경제위원회를 조직하여 비로소 한국경제재건을 〈테제〉로 하는 활동에 나섰다. 그러나 그 이후의 사정은 전술한 바와 같이 되어 버렸다.

물론, 이와 같은 점에 대하여는 독일이나 일본과 같이 경제재건에만 전념할 수 있는 여건을 갖추지 못한 우리의 특수한 사유도 있다.

미증유(未曾有: 이전에는 한 번도 없었던)의 전란이나 국토분단의 현실, 경제재건 이전에 시급한 〈인플레〉의 억제로 재정을 안전케 하여야 하는 한국 고유의 상황이나 그 경제는 우리도 충분히, 그리고 소상히 이해하고 있다.

그러나 무엇보다도 시급한 한국의 요청은 경제사활의 관건이 되어 있는 미국의 원조정책이 이대로의 상태로 나가서도 안 된다는 그것이라고 확신하는 바이다.

국민제위가 아시는 바와 같이 본인은 경제를 알거나 정치에 조예(造詣: 학문이나 기술의 지식이나 경험이 깊은 경지)가 깊은 것은 아니다. 혁명이 있기까지 본인은 단순한 군인이었을 뿐이다.

다만, 조국과 민족의 위기가 경제에 오직 달려 있다는 것을 통감하고 혁명 이전에 틈틈이 한 조촐한 경제학도로서 이 방면을 더듬어 보았고 정치에 얼마간의 관심을 기울여 본 데 지나지 않는다.

특히 혁명 이후로는 모든 여건이 본인으로 하여금 이 방면에 자연 제약함으로써 본인으로서는 하나의 신념을 갖게 된 것이다.

우리의 경제문제 해결은 솔직히 말하여 미국의 원조를 떠나서는 상상조차 할 수 없는 현실이다.

그러므로 이 문제의 조속한 해결은 어디까지나 미국의 새로운 이해와 적극적인 협조 여하에 달려 있다고 하지 않을 수 없다. 그리고 꾸준하고 성실한 우리의 피나는 노력 여부에 매여 있다.

어떻게 하면 보다 많은 원조를 우리의 희망하는 원칙에 입각한-그리고 우리 스스로가 자율적으로 집행할 수 있게 할 것인가에 총 집약되지 않으면 안 된다.

3) 잉여(剩餘)농산물 도입과 한국의 농촌

21,411만불에 달하는 미국의 잉여농산물과 석유, 유연탄 등을 내용으로 하는 11,396만불의 연료 등으로 된 막대한 원료 및 소비재의 도입은 그 대부분이 시장에 매각되어 그 대가는 대충자금으로 예치

되고 이것은 곧 정부의 세출 재원으로 충당되었다.

국가예산의 근본 구조가 이같이 되어 있는 이상 완전한 의미에서의 독립의 자율성이 보장되기는 기대할 수 없을 것이다. 그렇다고 당장에 이와 같은 예산 편성을 거부할 수도 없는 처지에 놓여 있는 것이다.

주지하는 바와 같이 한국은 60만의 대군으로 편성된 세계 제4위의 군력을 유지하고 있다. 이러한 군사력의 유지는 객관적으로 그것이 아무리 크고 불균형 이상의 것이라 하더라도 백만의 강적을 목전에 대결하고 있는 우리로서는 불가피하다. 언제 어디에서 어떠한 사태가 발발(勃發)할지도 모르는 휴전상태 하에서나, 또는 국토통일의 과업, 나아가 미국을 중심한 자유 태평양지구에 있어서 아세아대륙에 구축된 유일한 교두보라는 점에서도 60만의 군대는 오히려 소규모라 할 것이다.

그러기에 미국도 그 대부분이 여기 군사력 유지에 사용되는 원조를 계속하지 않을 수 없고, 따라서 우리로서도 이 엄청난 불균형의 상태를 마다할 수 없게 되어 있는 것이다.

이상과 같이 미국은 대충자금을 통한 막중한 간접 군원(軍援: 군사원조) 이외에 1945년 9월 이래로 1959년말까지만 하더라도 약 13억불에 달하는 직접 군사원조를 제공하였다. 이것으로 보아도 우리의 국방예산이 얼마나 큰 규모의 것인가를 알 수가 있을 것이다.

만약, 우리에게 이와 같은 병력 유지가 필요 없게 된다고 가정한다면 어떤 결과가 나타날 것인가.

연간 수백억원이란 방대한 자금을 산업분야에 투자할 수도 있고, 또 달리는 국민의 조세부담을 지금 선에서 훨씬 인하할 수도 있게 된다.

그러나 이것은 어디까지나 지금에 있어서는 한갓 백일몽에 불과하다.

군을 유지하려면 경제재건을 제약하여야 하고, 경제를 재건하려면 군을 감축하여야 한다. 국가의 사정은 진퇴유곡(進退維谷: 나아갈 수도 물러설 수도 없는 궁지), 이러지도 못하고 저러지도 못하고 있는 형편이다. 어찌 난관이 이 한 가지에 그치랴.

한국의 고민이 바로 그것이다. 그러나 우리는 그저 장탄식(長歎息: 깊은 한숨의 탄식)만 하고 앉았거나, 안가한(安價한: 값싼, 싸구려) 감상에만 젖어 있을 수는 도저히 없는 것이다. 운명을 주식으로 삼던 우리의 전통을 이제 완전히 거부하고 나선 혁명이 아니었던가.

방법은 없는 것이 아니다. 다만 그 시기가 오지 않고 있다는 것뿐이다. 이것은 본인 자신이 혁명이전부터 하루의 촌각(寸刻: 잠시, 매우 짧은 시간)도 뇌리에서 사라져 본 적이 없는 구상인 것이다.

다음으로는, 원조총액의 30%선을 상하(上下)하는 잉여농산물에 관한 것이다.

연간 3백만석 평균의 절대 부족량을 메우는데 소요되는 유일한 해결책이라 할 수 있는 잉여농산물의 도입은, 그 여파로 국내 곡가를 때려눕히고 이로 인하여 농가의 소득은 격감을 감수하지 않을 수 없게 되었다. 농민의 사기와 농촌경제는 심한 타격으로 혹심(酷甚: 매우 심한, 극심)한 위축을 초래케 한 것은 저간(這間: 요즘, 근래) 우리가 잘 알고 있는 사실들이다.

잉여농산물의 도입에 따른 공죄(功罪: 공익을 그르친 죄)는 여기에 그치는 것이 아니다.

농촌의 극단적인 질폐(疾廢: 질병과 폐단)는 자연히 농가의 구매력을 압박함으로써 국내 소비품 공업의 부진을 가져오게 하고, 인하여 중소산업의 발전에 크게 저해가 되었다.

12년간에 걸친 구정권은 바로 이런 점에 유념하여 중점적이고도 탄력성 있는 효율적인 시책을 신속하게 시행하였어야 옳았을 것이다.

그러나 비정(秕政: 그릇된 정치)은 농촌정책을 외면하고 소비성적 제3차 산업부문에만 몰두하는 일방(한편) 부패와 정쟁으로만 영일(寧日: 평안한 날)이 없었던 것이다.

곡가의 적정가격 조정, 농지의 개량과 확장, 영농기술의 보급과 종자의 개선, 그리고 영농자금의 적기방출, 수리 관계시설의 충실, 농촌구조의 현대적인 합리화, 이밖에 이루 헤아릴 수 없이 많고도 시급한 제(諸)문제에는 아랑곳없이 오직 그들이 직접 간접으로 연관되는 산업부문에 값싼 처분을 부여(賦與)하여 국정의 기본인 농정을 자의(恣意: 제멋대로)로 농락하였다. 결과적으로 농촌은 빈익빈화(貧益貧化: 가난할수록 더 가난해짐)하였고 급기야는 도시에로 유랑케 하지 않았던가.

생산의욕의 감퇴와 노동력의 이산(離散: 헤어져 흩어짐)은 끝내 오늘과 같은 폭발적인 식량위기를 재래(齎來: 원인에 따라 결과를 부름)하게 하였다. 참으로 오늘 이 마당에 즈음하여 아무리 돌려 생각하여 보아도 시급하고도 근본적인 것은 농촌이 우선되어야 한다는 것이다. 바로 지상과제라 할 수 있는 것이다.

그 누가 정권을 맡아보든, 먼저 이 난맥상의 농촌의 재건 없이는 국가재건도 허사일 것이다. 하물며 민족경제의 부흥 운운은 한갓 하잘 것 없는 구두선(口頭禪: 실행이 없는 헛구호)에 불과할 것이라 믿는 바이다.

우리는 하루바삐 공소(空疎: 공허)한 관념론이나 강단의 이론을 박차고 냉엄한 현실과 대결할 새로운 결의를 하지 않으면 안 된다.

더구나 농촌문제를 바라본 사람이면 누구나 그 같은 의지의 단마(鍛磨: 불에 달구고 닦음)를 절실히 느낄 것이다.

한국에 솟는 태양은 동해에 서가 아니고 농촌의 산이나 들이어야 한다.

여기에 우리의 희망은 밝아오기 때문이다.

4) 소비재 치중 원조와 그 결과

휘발유를 주로 하는 11,396만불의 연료도입이 정부의 대충자금 증대에 큰 역할을 하고 있다는 것은 전술한바와 같다.

그러나 뜻있는 국민들이 다 함께 염려하는 바와 같이, 국민경제는 말이 아닌데 자동차의 홍수는 참으로 관심 밖으로 돌릴 수 없는 문제다.

생산은 없는데 고도화한 소비성에만 관성이 된 우리 한국사회의 기형적인 고질, 이것을 바로 이 자동차의 경우에서 찾을 수 있다.

수천만불의 외화가 이같이 사치를 위한 소모에 날아가 버리다니 생각할수록 아깝다.

거의가 전근대적인 풍토 하에 놓여 있는 후진국가의 국민들의 일부가 자동차를 타지 않고서는 외출할 수 없다니 기가 찬 일이다.

사태가 거기에만 국한되었다면 오직 다행이랴. 이것은 점차적으로 정치, 경제, 문화, 사회 전반에 파고들어, 나태와 부패와 허영과 사치를 조성 조장케 하였으니 실로 놀라운 사상(事像: 사물의 현상)이 아닐 수 없다.

전래(傳來)의 순박한 민족정서와 너무나 고지식하리만큼 근면(勤勉)하던 우리 민족성은 여지없이 파일(破逸: 안일함을 깨트림)되고 말았으니 말이다.

물론 본인은 고식적(姑息的: 임시변통으로 하는 것)인 하나의 통제관념을 늘어놓자는 것은 아니다.

자동차라는 교통 이기(利器: 편리한 기구)가 우리 생활에 가져다준 공(功)도 값도 모르는바 아니며, 그 필요성이 있다는 것까지도 충분히 인지하는 것이다. 그러나 국가경제가 튼튼하고 기틀이 잡혀지기까지에는 스스로 자각하는 태도가 요망되지 않을 수 없다.

산적되어있는 제 난관을 직시하고, 민족이라는 공동운명체의 발전을 순시(瞬時: 짧은 시간, 잠시)나마 염두에 두었다면 우리는 벌써 이보다는 훌륭한 환경을 마련하였을 것이 분명하다.

요(要)는 국민의 정신부문 자체가 항시 문제가 되는 것이다.

구정권하에 있어서 소비성 물자의 시장판매는 또한 다른 증상의 부작용을 가져왔다.

실수요자 제도 등으로 인한 특혜층의 등장을 연출시켰고 이것은 곧 정치라는 괴물과 야합하여 끝내는 관료적 특권 부패계층과 전후파적 상류계급(戰後派的 上流階級: 6·25 전쟁 폐허와 혼란기를 틈타 등장한 새 부유층과 권력층)을 만들어내었다. 이 둘은 정치와 사회의 중간을 자리 잡고 상하에 망국적인 풍조를 독촉(督促)하는 마적(魔的)

존재로 화(化)하였을 뿐만 아니라, 민족의 주체의식을 마비 내지 말살하는 것까지 주저하지 않았다.

놀고먹는 비굴성(卑屈性)을 배양하고 불로소득이며 지극한 개인주의, 그리고 배금주의사상을 미만(彌滿: 널리 퍼져 가득함)하게 만들었다.

미국의 원조정책을 기저로 하는 한국경제정책의 이러한 경향은 기간산업, 중소기업 등 국내 생산공업을 담보상태에 낙후시킨 반면, 앞에서 말한바와 같은 국민의 정신면에 회복할 수 없이 큰 멍을 드리게 되었다는 것을 지적하지 않을 수 없다.

극단적인 사치, 허영은 뒤이어 각종 외래상품의 국내침투를 손짓하게 만들었다. 혁명 직전 한국의 시장이 제3국의 독무대화된 것도 그 연유에서 실마리를 찾을 수 있는 것이다.

1960년대의 한국은 확실히 외래 상품이 한국시장을 점령한 시기였다.

이 무렵에 있어서 순수한 의미의 국산품, 그것은 상품과 사상을 제거한 우리들의 알몸둥이에 비할 수 있었고, 한편으로는 최후로 남은 애국적 저항의 보루였다.

활활 불타오르는 외국의 값진 상품들!

그것을 바라보며 누더기를 감은 우리들의 형제자매들은 그저 말없이 오래도록 그 자리에서 떠나지 않고 있었다. 아깝기는 한 모양이었으나 그 누구 한 사람도 차마 그런 말을 하지 않았다.

젊은 청년들은 그들대로 무엇인가 눈을 닦고 있었다. 만감(萬感)이 오고 갔으리라. 그러고는 입을 꼬옥 다무는 것이었다. 그 표정을 신호로 모두 약속이나 한 듯 서로의 얼굴을 바라보는 것이었다. 본인도 그 중의 한 사람이었다.

머지않은 그날을 결심하는, 참으로 통분의 순간이었다. 한민족의 새 출발을 상징하는 그와 같은 불길은 그 이후에도 오래도록 지속되었다. 낡고 때묻고, 남의 나라 생각에 배인 마음의 옷을 활활 불사르자면 그만한 시일도 필요하였을 것이다.

본인은 용기를 백배, 아니 천배도 더할 수 있었다.

그러나 파행적으로 경제구조가 구축된 당시 사회의 위기, 도도히 흐르는 망국의 사조는 상당한 애로와 희생을 강요하였으나 다행하게도 국민의 적극적인 협조로 이 어려움은 극복되었다.

2. 파탄에 직면하였던 민족경제

그러면 5·16혁명 이전, 즉 1960년 당시 한국의 수입대체산업이나 특종기간산업 부문은 어떠하였는지 살펴보자.

본격적인 경제개발 단계에는 아직 발을 들여놓지 못하였지만, 그래도 해방 후 혼란기의 극복, 6·25동란의 수행과 전재복구 등을 통하여 미국의 대한(對韓) 원조가 한국의 경제면에 어쨌든 크게 기여하였음은 인정할 수 있다.

그러나 이와 같은 미국 측의 성의에도 불구하고, 그 원조정책에 묘(妙)를 득(得)하지 못한 것과 한국정부의 정책빈곤 및 부패 등의 요소로, 국가경제의 중추 분야가 파탄 직전에 허덕이지 않으면 안 되었다.

1) 국민 총생산량과 산업구조

농촌의 희생과 국제수지의 역조

1960년 즉, 혁명 이전의 국민총생산량(GNP)의 추이를 더듬어보면 1953년의 불변가격 GNP 8,363억환(圜)이 1958년에 와서는 1조 1,112억환으로 올랐으나, 1953년을 100의 지수로 보면 1958년은 132.9가 되어 연간 평균 6%의 성장을 보였을 뿐이다.

그 내역을 산업별 구성 비율로 보면 1958년에 있어 제1차 산업 40.1%, 제2차 산업은 17.2%이고, 제3차 산업은 42.7%로서, 이렇게 볼 때는 제3차 산업이 압도적으로 비대한 반면에 제2차 산업은 너무나 빈약하고 침체되어 있다는 것을 쉽게 알 수 있다.

그리고 제1차 산업의 주종은 농업생산품으로서 당시 전 인구의 75%를 점(占)하였던 농민생산이 전체의 40%에 불과하였다는 것은 그만큼 농가의 생산구조가 기형적이었다는 것과 함께 그 경제의 비참함을 여실히 증명하는 것이라 할 수 있다.

이상과 같이, 잉여농산물의 과중한 도입이 얼마나 농촌경제를 위협하였고, 그로 인하여 생산의욕을 잠식케 하였는가를 알 수 있는 동시에, 정부의 외환율 유지정책이 전혀 농촌을 도외시하고, 농민으로 하여금 필요 이상의 희생을 강요하여 마침내 오늘날과 같은 파탄의 지경으로 몰아넣고 말지 아니하였는가.

이러고서 어찌 한국의 농촌이 건전하게 발전되기를 기대할 수 있었을까.

실(實)인즉, 우리의 농촌은 해방 이후 이 시기까지 경작면적이나 단위 생산력에 있어서는 전혀 한 걸음도 앞을 디디지 못해 왔다는 결론이 나온다.

이와 같이 구정권하의 한국경제는 농업 면에 압박을 가하고, 공업 면의 부진을 획책함으로서 결국 제3차 산업의 비대만을 촉진시켰다 할 것이다.

여기서 일례를 들어보자.

대부분을 제1, 2차 산업에 의존하고 있는 무역 면을 보면, 수출이 수입을 따르지 못하고 있다.

1959년 수출 총액은 불과 1,916만불인데 대하여 수입 총액은 어떤가, 놀랍게도 수입초과가 5,936만불인 7,852만불이다.

연평균 약 5,000만불 선의 이 국제수지 역조는 1955년 이래 5·16 혁명 때까지 그대로 지속되어 왔다.

당시의 위정자들은 마땅히 최대한으로 수입대체 산업진흥정책을 강구했어야 옳았다. 그러나 10년을 하루 같이 이들은 오불관(吾不關: 나는 관련이 없음)인양 무관심 하나만으로 일관하여 왔다. 한 푼의 외화가 얼마나 소중한 것인가. 외화획득을 위한 산업, 즉 공업제품, 광석물, 수산자원의 개발에 사용함으로써, 아울러 국내 공업화와 실업자의 흡수, 국민 생활의 향상도 기할 수 있는 외화가 아닌가.

적자무역에서 흑자무역으로! 이것은 자립경제건설과 국내의 자급자족을 기하는 의미에서라도 기어코 성취되어야 할 과업 중의 과업이라 할 것이다.

2) 공업화의 원동력과 석탄 문제

모든 것이 고난의 연속인 한국경제에서도 한 가닥의 희망적인 지대가 있으니 이것은 곧 특수산업과 지하자원이다.

무연탄, 중석, 철광과 수산자원인 해태(海苔: 김), 석화(石花: 굴), 한천(寒天: 우뭇가사리), 새우, 기타 해산물과 공예품, 인삼류, 도자기, 면실유, 해바라기유, 특수 화학약품, 그리고 농우(農牛) 등은 우리의 수출 부문에서 큰 비중이 있는 것들이다.

그럼에도 불구하고 이러한 보고는 결국은 무성의한 구정권의 처사로 인하여 방치되어 미개발상태를 면하지 못하였다.

한편 국가경제의 공업화 과정에 있어 불가결한 요건인 동력부문은 과연 제대로 돌아갔던가 살펴보자.

세계자원연감(1953년판)에 의하면 한국(남·북한)의 석탄 매장량은 약 56억톤(頓)이다. 전 세계 매장량의 0.1%에 불과하다. 그것도 남한만으로는 6억5천만톤, 그러니까 전 세계 매장량에서 보면 그 비율은 0.01%로 줄어든다.

본인이 조사한 자료에 의하면, 석탄의 매장량과 유지 연수는 미국이 4,400년, 영국은 820년으로 되어 있고, 불란서(佛蘭西: 프랑스)와 일본은 각각 375년과 200년이다.

그러면 한국은 어떠한가?

민주당 정권시의 석탄개발 10개년간 계획에 보면 목표량이 1,200만톤, 그것이 확실하고 근거 있는 산출이라면 단 40년의 유지밖에 될 수 없다. 이같이 석탄 매장량으로 본다면, 한국의 동력원은 지극히 비관적이므로 대신 수력발전 등 전력부문의 개발에 나서야 옳았다.

그러나 이 부문은 석탄사정 이상으로 말이 아니었다.

석탄의 매장량이 적은 것은 어디까지나 장래에 관한 걱정이 되겠지만, 보다도 당면한 고충은 무연탄 가격의 앙등(昂騰)과 수요부족에 있었다.

한국동란 이래, 세계의 탄가(炭價: 무연탄 가격)이 9불 내외임에도 불구하고, 우리는 언제나 이 선을 훨씬 상회하여 왔다.

수요면은 어떤가?

구정권시의 계획이 1961년도에는 5,439,000톤인데 비하여 그 5년 후는 9,981,000톤이 수요 예견량으로 되어 있다. 이러자면 1960년대의 2배 증산이 뒤따라야만 되는 것이다.

그러나 당시의 채탄 실적은 다분히 비관적인 현상을 노정(露呈: 드러냄)하는 것이었다.

공업 면에서는 동력 역할을 하고 국민생활에는 의식주와 대견할 (부족함이 없는, 나란히 할) 수 있는 나란히 할 수 있는 생활필수품인 이 석탄이 구정권 하에서는 전술(前述)한 수급 지체와 탄가의 고율로 인하여 그만큼 나라의 살림살이뿐만 아니라 개인의 생활까지 크나큰 위협을 가하였던 것이다.

3) 놀라지 않을 수 없었던 전력 사정

석탄과 더불어 자주경제 확립의 원동력이자 현대공업의 기초자원이요 국민경제 생활에 필수 자원인 전력은 어떤 처지에 있었던가.

여기서 다시금 강조하고자 하는 것은 이의 확보 여하에서 비롯되는 놀라운 결과에 대한 것이다.

오늘날 현대 문명사회, 특히 국제사회에서의 전력이 차지하는 비중은 너무나 큰바 있다.

전력은 곧 국력이라고도 말하고 있으니 말이다.

더구나 한국과 같이 후진국에 있어서 이것이 감당하는 역할은 국력 이상이라고까지 말하고 있다. 철로가 동맥으로 통한다면, 전력은 그 심장에 해당될 수 있는 문제이다.

이같이 중요한 전력! 그러나 우리는 이것과 너무나 인연이 멀었었다.

1945년 8월 당시, 남한은 81,000KW의 자체 전력을 보유하고 있었으나, 별도로 북한으로부터 60,000KW의 양을 공급받고 있었다.

그러나 3년 후인 1948년 5월 14일에 와서 북한 측은 일방적으로 단전을 선언하고 말았다.

모든 산업은 중단되다시피 되었고, 거리는 암흑화한 느낌조차 있어 그 답답함을 우리 국민은 이미 만끽(滿喫)한바 그대로다.

6·25 동란에 와서는 이 80,000KW의 출력마저 기능을 잃고 말았다. 구정권은 여기에 대하여 얼마만큼의 관심을 기울였던가.

부패와 무능으로 그저 방관하고만 있었던 것이다.

혁명 직전 민주당 정권 자신에 의하여 발표된 전력요강에 의하면 당시의 평균 출력 195,000KW, 최대 출력 265,000KW로 되어 있고 그 수요량에 있어서는 평균 257,000KW, 최대 수요량에 있어서는 372,000KW라 공표되어 있다.

이렇게 구정권 자신의 공표에서도 보는바와 같이, 그 부족량은 177,000KW이다. 그러나 부족량은 여기서 끝나는 것이 아니다.

연간 50,000KW의 자연 수요증가를 계산한다면 그때부터 10년 후의 총수요량은 795,000KW가 된다.

구정권 하 177,000KW의 부족량과 1970년의 순증량(純增量) 600,000KW의 건설사업은 도저히 그들에게 기대할 수 없는 노릇이 아니겠는가.

본인은 혁명 이전부터 각별히 전력에 대하여는 주의를 경주하여 왔다.

더구나 외국과 우리를 비교하였을 때의 놀라움은 지금 이 순간에도 생생하게 되살아나는 것을 어찌할 수 없다.

1960년대를 기저로 하여 선진 각국의 1인당 연간 수요 소비량과 우리의 실정을 살펴보면 다음과 같다.

노르웨이	5,220KW
캐나다	4,830KW
미국	3,220KW
스위스	2,790KW
뉴질런드	1,833KW
일본	800KW
한국	67KW

참으로 놀라운 계수이다.

인구 2,400만을 산하는(算하는: 헤아리는) 당당한 독립국가인 이 나라가 미국 〈데트로이트〉시 소재 〈포오드〉자동차회사 하나의 발전량 340.000KW보다도 훨씬 그 아래를 오가는 상태다.

이러고서 어찌 자주며 자주에의 꿈을 꿀 수가 있겠는가 말이다.

이러고서 어떻게 한국의 공업화를 소리칠 수 있는 일일까.

이러고서도 구정권은 무슨 면목으로 정권을 또 감당하겠단 말인가.

우리는 사력을 다하여 전력의 개발에 다투어 앞장서야 할 것이다.

전력 없이 생산이 있을 까닭 없고, 생산 없는 곳에 민족경제의 생장(生長)은 바라볼 수 없기 때문이다.

4) 버림받은 지하자원

한국 지하자원 가운데서도 〈달러 박스〉라 할 수 있는 것은 중석과 흑연이다.

중석은 철 합금재료로서 전략물자에 필수한 것이며 이는 자유세계에서 미국 다음 가는 생산량을 가지고 있고, 전 세계 수요량의 1/3분을 한국이 담당하고 있는 것이다. 그러나 과거에는 경제시책으로서도 이 중석이 빛을 보지 못한 것이 사실이다.

약 150,000톤으로 추정되는 매장량의 개발에 있어 상동광산 정도를 빼놓는다면 그외 것은 볼품이 없다.

당시 전국에는 132개소의 중석광산이 있었다.

그러나 대부분이 선광시설의 미비와 생산〈코스트〉의 초과로 그대로 폐광상태에 방치된 채 있을 따름이었다.

세계 최대의 규모를 자랑하는 화학처리공장을 보유하고 있으면서도 고품위 광석들 수출하는 것으로 겨우 체면을 유지하여 왔다.

가령 130여개의 이 같은 광산이 상동광산처럼 가동을 계속하였다면, 연평균 5,000톤의 그 몇 배나 증산을 보게 되었을 것이며, 그로 하여 얻어지는 외화가 얼마나 되었을까. 생각하면 아까운 일들이 한두 가지가 아니다.

그만큼 구정권은 무능하였다. 〈중석불사건〉이나 〈중석사건〉(정치인과 관료 주도로 중석 수출을 특정 무역업자에 맡겼던 부정부패 스캔들) 등으로 이를 오직 자신들의 영화나 치부에 이용하려 하는 등 부패에만 일념하였을 뿐이었다.

실로 중석은 세계시장에서 각광받는 한국 유일의 지하자원이다.

이같이 소중한 중석광은 힘자라는 데까지 채굴하여 외화를 획득하고 일방(一方)으로는 외자도입에 대한 상환 재원으로 활용하였어야 하였다.

다음에는 중석과 함께 또한 수출가치가 높은 흑연을 들지 않을 수 없다.

추정 매장량으로 보면, 토상흑연(土上黑鉛: 흙덩이 형태의 흑연)이 300만톤, 인상흑연(鱗上黑鉛: 비늘 결정체 모양의 흑연)이 160만톤이다. 이 흑연은 그 매장량이나 생산량, 그리고 그 질에 있어서 단연 자유세계에서 제1위를 차지하고 있다.

그러나 이 흑연에 있어서도 뚜렷한 실적이 없고 만족할 것이 못되는 것이다.

혁명 이전, 총 가동광구 264개 중 그 대부분이 해외시장을 개척하지 못하고 위축되었으며, 또한 채광, 선광시설의 불비로 사실상 휴광 상태를 벗어나지 못한 채 있었다.

현대 공업에 있어서 기초공업 자원으로서, 또는 그 발전의 〈바로미터〉인 철광석은 그 매장량이 2,000만톤으로 추정되고 있다.

이 광구 역시 410여개소를 헤아린다고는 하나, 구정권 하 연평균 생산량이 392,000톤 대를 오르내렸다 하니 가히 그 작업 내용을 알아보고도 남음이 있다.

그리고 여기서 우리가 한 가지 기이하게 생각되는 것은, 이들 생산량은 거의가 해외로 수출되고 국내 수요량인 15~20만톤 중 대한중공업, 삼화제철 등의 생산 선철을 제외한 6만톤은 역수입하고 있었다는 것이다.

이 하나의 사실만 보더라도 구정권 때의 경제시책이 얼마나 맹목적이었던가를 알 수 있을 것이다.

선철 이외에도 세계시장의 총아(寵兒: 특별히 사랑받는 사람이나 물건)가 되고 있는 방사성 광물이 15여종에 달하고, 그 매장량이나 질 면에서도 상당히 유망시 되고 있다.

그러나 눈에 안 보이는 천 길 물속의 노다지는 아무 소용이 없다.
기설(旣設: 이미 설치함) 광구는 휴업상태로 내버려 두었고, 광업개발은 염두에 두지도 않은 그들에게 언제까지나 나라를 맡겨 놓았었다가는 오늘 이 시각에 어찌 되었을 것인가?

서상(敍上: 앞서 언급한 것)의 몇 가지 실례로서 지하자원 개발의 단면을 살펴보건대, 결론적으로 건국 12년간의 실적은 사실상 해방 당시에 비하여 별로 진전을 보지 못했다고 할 수 있다.
그도 그럴 것이 대부분이 괭이와 소쿠리 등의 연장과 손으로 만져야 하는 그와 같은 원시적 산업과정이며, 제품화하지 못하고 광물 자체, 그것도 화학적 처리 없이 조악품(粗惡品)으로 수출의 명맥을 유지하였으니 말이다.
민주주의도 좋고 자립경제 확립의 구호도 좋지만, 그보다도, 아니 그 훨씬 이전에 바쁜 일은 오랜 시일을 버림받아 온 여기 광산지대에 발을 직접 들여놓는 일이다.

5) 국가관리 기업체의 파탄(破綻)

22% 대 78%란 높은 비율로 소비재에 편중되었던 미국의 대한원조와 구정권의 무질서한 경제시책의 영향은 먼저 중요 기간산업 부문에 결정적인 타격을 가져오게 하였다.

원래, 경제개발 장기계획에 대한 근본정책의 허용 없이, 연간 회계연도에 의한 단기 원조계획을 실시하여온 원조 당국에 대하여 기간산업의 건설을 희망하였다는 것은 당초부터 큰 잘못이었다. 이것은 한국정부의 중대한 모순이었다.

이로 인하여 기간산업 면으로 본 30억불의 수원(受援: 원조를 받음) 결과는 단지 원조정신의 권화(權化: 화신 혹은 구원자의 등장)나 그 정치적인 상징처럼 되어버린 인천의 판유리공장과 문경의 〈시멘트〉공장 그리고 충주비료공장이 〈차아트〉(도표)에 남을 뿐이었다.

외자의 지원으로 이 부문의 건설이 이러한 실정인데 감하여(鑑하여: 거울에 비쳐 봄) 그렇다고 내자를 동원하여 공장을 건설한다는 것은 전혀 현실을 어기는 일밖에 아무것도 아닌 것이었다.

그래서 본인은 여기에 기간산업의 유일한 지축이 되어 있는 국영기업체에 대해 논급하지 않을 수 없게 되었다.

조선전업, 대한중공업, 남선전기, 경성전기, 대한조선공사, 대한해운공사, 대한석탄공사 등은 그 무렵의 한국경제를 지탱하는데 그 중추적인 역할을 해온 것이 사실이다.

최소한 이 관리기업체 하나만이라도 합리적인 운영과 제대로의 발전을 볼 수 있다면 그래도 공업화까지에는 경제유지에 도움이 될 수 있는 것이다.

그러나 그러한 우리의 기대는 亦然(역연: 또한 그러함, 역시) 수포가 된 지 오래가 아니었던가. 일례로 1959년도 하반기 결산서 보고에 본다면 엄청난 손실금만이 열기(列記: 기록)되어 있다.

조선전업	224억환
대한중공업	73억환
남선전기	46억환
경성전기	35억환

 이렇다.
 물론 이외에도 정부 직할 8대 기업체는 자그마치 445억환의 적자를 내고 있었던 것이다.
 국가의 독점이란 크나큰 이점과 정부의 강력한 지원을 입었으면서도 어찌하여 이 같은 손실금을 가져오게 하였는지 도시(都是: 아무리 해도, 도대체) 모를 일이다.

 이것은 곧 구정권이 얼마나 여기에 손을 댔는가를 역력히 증명하여 주는 살아있는 증거이다. 굶주린 사자 앞에 내던져진 토끼 격으로 탐욕한 구정치인들의 부패를 나타낸 실감 있는 〈그래프〉라 할 것이다.
 그들은 자기계(自己系: 자신들 편)의 관리인을 임명한다. 말하자면, 하수인을 두고 그 하수인으로 하여금 영좌(榮坐: 영광스러운 자리)의 대가를 상납 받는다.
 경제재건이나 그 의욕은 찾아볼 길조차 없고, 정권이 오갈 때마다 관리기업체 주변은 시장화하였고, 차마 눈뜨고는 못 볼 수많은 추태가 벌어지고 갖가지 희비극이 공연되었음은 국민 여러분이 직접 목격한 바도 있으므로 생략하기로 한다.
 애초, 여기에 생산성의 증대를 믿고, 수요공급을 바라며, 시설의 개선, 확장을 비는 등의 고객본위의 운영을 희망하는 것조차 잘못이었는지 모른다.

고객본위의 말이 나왔으니 말이지, 그들은 국민에 봉사하고 친절한 사업인이기는커녕 바로 폭군이었다는 것도 숨길 수 없는 일이 아닌가.

여하간, 그 같이 난맥상의 관리기업체를 그대로 둔다면 장차의 양상은 어떻게 다가올 것인가에 주목하여 보자.

일례로 경성전기와 남선전기의 경우에서 보면 이들 두 기업체는 조만간에 부채와 자산이 상쇄될 수밖에 없는 형편이었다.

경성전기는 총자산액이 90억환이고 남선전기는 100억환이다. 만약 적자 35억환과 46억환의 1959년도의 결산보고서가 그대로 계속된다면 불과 3년 미만에 결말을 보지 않을 수 없을 것이요, 그 다음에는 부득불 부채를 걸머지고 나갈 도리밖에 딴 방법이 없을 일이었다.

이것은 4·19 이후 〈데모〉대가 가두를 누비던 공포보다도 더한 것임은 새삼 말할 나위가 없다.

여기에서도 혁명의 불가피한 요소가 쉽게 찾아질 것이 아닌가?

6) 34개 주요 기업체의 단면

정부의 관리 기업체가 그러할 즈음 국가산업의 또 한 중추를 담당하고 있는 중요 관민기업체인 은행의 실태는 어떠하였던가.

1961년 당시 민의원 예산결산 분과위원회가 행한 국정감사 보고에 나타난 산업은행의 연체 대출내역을 우선 다음 표에서 보자.

기업체	총대출액(환)
태창방적	7,243,449,000
동립산업	5,976,916,000
대한조선공사	4,344,530,000
중앙산업	586,804,000
대한중공업	6,527,821,000
척방염업	853,866,000
조선주택영단	8,878,188,000
대명광업개발	796,854,000
신흥제지	1,706,830,000
수도영화	1,146,679,000
대한조선철공소	853,866,000
삼화비료	364,128,000
기아산업	1,457,902,000
성암주정	224,596,000
조선제분	730,461,000
한일공업	413,482,000
금강융단	212,049,000
조선기계제작소	780,006,000
한국미창	327,961,000
대한중앙산업	555,036,000
농협중앙회	961,540,000
해남초자공업	438,063,000

대한주정공업	204,335,000
제주주정공업	214,516,000
삼길광업	146,135,000
부국도자기	156,132,000
대한산업개발	299,472,000
흥화공작소	270,734,000
국안방적	270,407,000
국경제분	205,531,000
동해실업	728,321,000
남북건설	256,322,000
동양축산공업	284,931,000
삼익무역	156,259,000
계	**48,574,122,000**
(34 개소)	(이자 10,271,000,000)

　놀라운 대출도 대출이려니와, 그보다도 이들 기업들은 그 원금의 전액 내지 그중 일부, 또는 그 이자에 이르기까지도 전연 갚지 못하고 있었다함에는 정말 열린 입이 닫히지 않는 것이다.

　그리고 이중 그 태반은 사업의 계속 운영으로 원리금 상환의 기회가 있을 수 없었고, 따라서 기업체 자체를 경매처분하여야 할 사정에 있었으며, 연체이자의 초과마저도 담보가치의 미달로 결손처분하지 않을 수 없는 실정에 있다고 들렸다.

　건국 초창기라 할 그 당시에 있어 천금 같은 한 푼이, 말을 바꾸자면, 국민의 피땀 어린 이 많은 거액들을 융자받고 특권층인 그들은 과연 무엇을 어떻게 하였단 말인가.

이 돈이 간 행방은 도대체 어디이며, 이 자금으로 하여 놓은 실적이 어떤 것이었고, 당국은 당국대로 이런 꼴을 실지(悉知: 잘 알고 있음)하고 있으면서도 어찌하여 수수방관(袖手傍觀)하였던 것일까. 정권과 기업이 부정의 그늘 아래, 결탁한 좋은 표본을 우리는 여기서 생생하게 찾아볼 수 있다.

이러고서도 무슨 면목이 있다고 구정객들은 다시 민중 앞에 나서려는 것인가?

그것은 내가 한 짓이 아니고, 나 아닌 나의 동료가 한 것이다

잠시는 이렇게 때 묻은 손을 호주머니에 감출 수도 있을 것이다. 그러나 민중은, 그가 살고 있는 마을 사람들은, 결국 알아내고 말 것이다.

민중은 잘 알고 있다. 만약에 그와 같은 부정한 야합이 몇 년 더 계속되었더라면, 오늘 이 시각에 과연 어떻게 되었을 것이며, 또 앞으로 그들에게 다시 전과 같이 마음대로 요리할 수 있는 기회를 준다면, 국가의 자산이, 다음 세대의 자손들이 어떤 환경에 직면하게 될 것인가를 이제는 똑똑히 알게 되었다는 것을 구정객 또한 깨달아야 하는 것이다.

마치 불 난, 도둑 맞은 폐가를 인수하였구나!

이는 본인이 구정권을 인수하였을 때의 솔직한 심경이었다.

쓸쓸한 황야 가운데서 초라한 초가집을 터전으로 하여 전연 새로

운 살림을 꾸려나가지 않으면 안 되었다. 그러나 조금도 놀라워한 것은 아니었다. 왜냐하면 그것은 우리가 혁명 이전에 충분히 살펴 온 현실이었기 때문이다.

이같이 혁명 이전, 즉 1960년대의 한국경제는 그러하였고, 미국의 대한원조 역시 큰 성과를 보지 못한 것은, 그 동안에 누누이 지적한 바 그대로다.

연간 2억불 내외의 미국원조와 매년 평균 5천만불 선을 상하회하는 국제수지의 역조로 한국경제의 수지는 연간 평균 3억불의 적자를 내고 있다는 것도 앞서 특기(特記: 특별히 기록함)하였다.

이것은 다시 말이 되겠거니와, 한국민이 외국의 원조 없이도 자립경제를 성취하고 국가를 유지하려면, 우리 자신의 힘으로 연간 3억불 즉 구화로 환산하면 3천9백억환을 더 벌어들여야 한다는 뜻이 된다. 그러나 이 액수는 어디까지나 국가경제의 수지에 그칠 뿐이다.

국가의 공업화, 기타 제(諸)경제의 향상을 위해서는 그보다 몇 배나 더 되는 액수를 벌어들이지 않을 수 없는 것이다. 불가능하다고 돌아앉을 것인가.

그러나 구정권은 이 돈을 벌어들이기는커녕, 외국에서 공짜로 주는 돈도 제대로 사용하지 못하였거니와 철두철미 낭비에 일관하였을 뿐이다.

국내는 정치, 사회의 파국적인 사태가 간단(間斷: 그치거나 끊어짐) 없고, 이를 틈타서 물가는 앙등일로(昂騰一路: 오직 오르기만 함) 상승하였으며, 통화의 팽창은 앞날의 한국경제에 크나큰 위협을 가하고 있는 데 대하여, 국외는 미국의 원조가 순차적으로 삭감되어 갔고,

외래상품이 분류(奔流: 힘찬 물줄기)처럼 흘러 들어와 국가경제를 일패도지(日敗塗地: 다시는 일어날 수 없는)의 경(境: 지경)으로 화(化)하게 하는데도 구정권은 그저 무감각한 채 낮잠에 한가(閑暇: 여유를 부림)하였다.

하루 속히 자주경제를 확립하고, 이렇게 함으로써 제1차적으로 경제전에서 공산 북한을 이겨내고, 최소한도나마 국제사회의 일원으로서 대응할 수 있는 역량을 시현 행세하였어야 하였다.

다시 여기서 거듭 말하거니와, 혁명은 이 같은 경제적인 사명감에서 거사되었다는 것이다.

3. 4·19 혁명의 유산과 민주당 정권

수많은 희생자를 내야 했던 광영의 4·19 혁명은 마침내 전 민중이 갈구하여 마지않았던 제2공화국의 출현을 보게 되었으나, 불로소득으로 정권을 차지한 민주당 정권은

1. 그토록 고귀한 희생의 대가로 성취한 혁명을 미완성으로부터 완성에로 이룩하였어야 할 책임 있는 정권이었음에도 불구하고, 그 사명에서 역행한 말하자면 반(反)혁명적 배신자였으며,
2. 한국민족이 사상 최초로 성사한 민권혁명을 그대로 이끌고 나아가 민족중흥의 일대 계기를 지을 호기를 스스로 문 닫는 역사에의 반동이었고,
3. 혁명 자체의 국민적 지지는 물론, 원내 2/3분 선을 능가하도록 절대적인 안정선을 부여함으로서 국가 대권을 백지위임하다시피 하

였는데도 국민의 소망을 완전히 배신한 불신 집단이었다.

또한 그들은,

1. 분열과 상잔으로 국정을 뒤로 하였으며,
2. 미국의 정력적인 지원에도 불구하고 스스로의 유약과 무능으로 당시 정권 자체가 흔들리고 있었고,
3. 민주정치의 발아기라고 할 수 있는 이 시기에 있어 스스로의 잘못으로 정당과 국회와 정치 자체를 국민으로 하여금 불신하게 하였고,
4. 자유당의 폭정과는 반비례한다 하여 허울 좋은 민주 가식(假飾: 거짓으로 꾸밈)으로 사회 전반에 혼란을 초래하고 도의를 땅에 떨어뜨렸다. 뿐만 아니라,
5. 자유당 못지않은 의혹 사건이 속출하였고,
6. 철학과 이념과 정책을 생명으로 하고 조직과 과학과 지식을 발판으로 하는 현대 정치에 있어서 시대착오도 유만부동(類萬不同: 정도를 넘어섬)인 그야말로 춘추전국시대에 흔히 있어 오던 군웅할거(群雄割據: 여러 영웅이 각기 한 지방씩 차지하고 위세를 부림)의 천하처럼 성대(聲大: 목소리가 큼) 과장의 태(態: 모양 혹은 태도)가 아니면 봉령(封領: 관직이나 직위를 내림), 벌족(閥族: 벼슬집안)류의 계보정치를 서슴지 않는 후진정치의 전형이 되었으며,
7. 정치의 본도를 망각하고 경박한 항설(巷說: 여러 사람의 입에서 입으로 옮겨지는 말)에 영합하기 위하여 인기 매명주의(賣名主義: 자기 이름만 떨치려는 태도) 또는 소아병적인 영웅주의에 사로잡

히는 등, 민주당 정권에 대한 국민의 실망과 분노는 일일이 여기서 늘어놓을 겨를조차 없다.

이것은 이미 국민학교 고학년 정도면 직접 목도한 일일 것이고, 또한 별저 〈우리 민족이 나아갈 길〉(1962년 발간)에도 소상히 논급한 바 있으므로 대략(大略: 대강의 줄거리만 말하고 줄임)하고자 한다.

7·29 선거(1960년 4·19 혁명 직후 치러진 민의원 및 참의원 선거)에 있어서는 벌써 부정선거를 감행하였고, 폭도적 선거사범을 비호(庇護: 편들어 감싸고 보호함)하였고, 일국 원수, 총리, 의장의 선출을 당(當: 맞이함)해서는 공공연히 표를 매수하는 만행을 자행하여 마침내 국가와 민족의 위신을 실추하게 하고 말았다.

그 유명한 중석사건은 무엇을 말하며, 자유당과의 내통설이며 부정축재자의 처벌은 사실상 그들의 정치자금 수탈과 흥정되었고, 집권 幾個月(기개월: 몇 개월) 간에 정부나 국회 내에 감행된 부정 정실 인사 건수는 무려 2천여 건에 달하였고, 대소의 이권인 그 쟁탈상이 흡사 어시장 양상을 노정(露呈: 겉으로 드러내 보임)하였다.

중소기업자는 일부 전항에서도 논급한바 있지마는, 8할 이상을 문닫게 하였으며 국민의 구매력은 극도로 쇠퇴되고, 국내 생산품은 외제로 인하여 고식적(姑息的: 근본 대책 없이 임시변통하는 것) 상태를 면치 못하매 결국은 심각한 사회불안과 국가의 안위를 물을 경지까지 몰아넣었다.

이러한 틈을 타서 공산 독아(毒牙: 독니, 독을 뿜는 이빨)는 점차 눈에 보이도록 까지 접근하였으며, 혁신세력의 자국을 따라 그 세(勢)는 가히 해방 이래 최대 규모로 강성하였고, 〈중립조선〉을 제창하는 등 급기야는 남북한 자체의 공동위원회가 판문점에서 제기되기에 이르렀다.

그뿐이랴! 백주(白晝: 대낮)에 폭력이 의사당에 난무되고, 일본의 세가 짙어와 정치, 경제, 문화, 사회에 그 얼굴을 선 뵈이는가 하면, 더러는 〈해방 전으로 되돌아가지 않았나〉 하는 착각마저 느끼게 했던 것이다.

진정한 의미에서의 한국과 일본의 제휴라면 누가 마다할 것인가. 이것은 민주당 정권의 무원칙, 무정견(無定見: 자기 주장이 없음)과, 그 이전에 정권 내부에 잠재하고 있던 친일 한민당 세력의 대두에서 비롯된 결과일 뿐 그 이외의 아무것도 아니었다.

이렇게 볼 때 민주당 정권은,

첫째, 친일과 미국 일변도주의로 우리의 주체의식을 상실케 한 배타정권이요,

둘째, 잠잠하던 적색, 회색, 백색이 재(再)대두 하였으나 끝내 오불관(吾不關: 나는 그 일에 상관하지 아니함, 오불관언)으로 방임하던 색맹정권이요,

셋째, 조석(朝夕: 아침 저녁)으로 도시와 농촌에 넘치던 데모대로 인하여 갈피를 못 잡던 유랑정권이었다고 할 수 있다.

요컨대, 민주당 정권이 교체되지 않을 수 없는 근본 원인은 자유당 정권에 대하여 〈못 살겠다 갈아보자〉던 갖가지 자유당 정권의 〈실정 사항〉, 그것이 곧 집권 후 민주당 정권에 의해서 되풀이 되었다는 것

이다.

이렇게 볼 때 민주당이란, 간판만 다를 뿐 그 내용은 자유당과 조금도 다를바 없다는 결론밖에 더 없지 않은가.

4·19 학생혁명은 표면상의 자유당 정권을 타도하였지만, 5·16 혁명은 민주당 정권이란 가면을 쓰고 망동하려는 내면상의 자유당 정권을 뒤엎은 것이었다.

본인은 기회 있을 때마다 5·16 군사혁명이 4·19 학생혁명의 연장이라고 강조한 이유가 실로 여기에 있었던 것이다.

치열(熾烈: 기세가 불길처럼 맹렬함)을 극하였던(極하였던: 극에 달했던) 수많은 전투에서 우리 국군동지들은 참으로 용감하였다.

외적을 물리치고 이번에는 국내에서 외적 이상으로 나라를 망치고 있는- 분명히 이것은 내적이다- 구정객들을 향하여 한강을 건넜다.

누구는 그 같은 비상수단을 불만하였다

누구는 국토방위의 사명에 배치된다고도 하였다.

그러나 그만한 잡음은 우리 귓전을 어찌지 못한다. 그만큼 우리의 고막은 전투장에서 이미 그렇게 엷을 수 없게 되어 왔었던 것이기 때문이다. 말하자면 국민의 진정한 함성 외에는 들리지 않는다는 뜻이기도 하다.

한강을 건너면서 본인은 많은 생각을 하고 있었다.

민주당 정권의 구악도 구악이려니와, 그보다도 본인의 뇌리에 맴돌고 있는 것은 한국의 정치적인 병폐와 그 지독한 고질을 어떻게 해결하느냐는 문제였다.

한국정치의 이 같은 증상은 비단 민주당 정권 하나에 국한되는 것이 아니었다. 자유당이고, 신민당이고, 무소속 할 것 없이 거의 공통적인 것으로, 말하자면 한국 특유의 악유산(惡遺産)이라 볼 수 있다.

따라서 이에 대한 근본적인 대책 없이는 우리는 항시 마음을 놓을 수 없는 정치〈노이로제〉를 면치 못할 것이다.

고로, 여기에 필연적으로 제기되는 과제는〈구정객과 제3공화국의 관계〉를 어떻게 설정할 것인가에 집약된다.

이는 어디까지나 한 개인이나, 한 집단에 국한된 것이 아니고 근본적으로 한국 정치의 생리를 체질개선하여 완전히 새로운 정치풍토를 조성하는 길을 말한다.

다음으로, 민주정치에서도 하나의 강력한 지도원리가 확립되어야 하겠다는 것이다. 물론 민주정치에 있어 그 기간(基幹)은 정당과 의회에 있고, 그 정신적인 기저나 이념, 정강 정책 등에 있다는 것을 모르는바 아니나, 같은 보수주의 노선으로 동일성의 사회를 실현할 바에는 민주적 권능보다 일관성 있는 강력한 지도원리가 요청되지 않을 수 없는 것이다.

그리고는 제도에 관한 것이다.

서구적 민주주의의 제도가 우리 한국과 같은 후진국 사정에 조화되지 못하고 갖가지 부작용을 초래하였음은 이미 우리가 절실히 통감하여 왔던 사실이다.

간신히 봉건사회의 범위를 벗어나 급작스럽게도 완전한 민주사회로 전환하자니 순치(馴致: 길들임)될 리가 없다.

따라서 우리는 어떠한 형태이던, 하나의 새로운 제도를 설정하여야 할 것이다.

끝으로는, 한국정치의 병폐원인을 찾아 개선하는 일이다.

이 원인은 보는 사람에 따라서는 달리 볼 수도 있을 것이나, 본인은 거두절미(去頭截尾: 머리 꼬리를 자르고 요점만 말함)하고 다음 세 가지를 들고 싶다.

첫째, 유권자 대중이 정치에 대하여 무관심하고 너무나 경시하고 있다는 것이다. 말하자면 정당과 의원의 선택에 소홀하다는 것이고,

둘째, 정치인 자체의 파별의식을 들 수 있고,

끝으로, 정치자금의 비공식 조달제도 등이 그것이다.

따라서, 우리는 항구적으로 정책을 통하여, 경제적 시책을 통하여, 사회적 계몽을 통하여 민도의 향상을 기하고 구정객과 대체할 수 있는 세대교체를 촉진하고, 선거 내용을 연구하는 일방, 정치자금에 대한 공식조달제도를 강구하지 않으면 도저히 그와 같은 한국정치를 면목일신(面目一新: 모양이나 일을 완전히 새롭게 함)하게 할 수 없을 것이라 확신하는 것이다.

4. 폐허의 한국 사회

우리의 것을 잃어버렸다.

혁명 이전의 한국정치가 이러할진대, 한편 이 나라의 사회는 어떠하였는가.

불안한 정치정세와 각박한 경제사정 등으로 사회 제상황은 한 마디로 말해서 내일 없는 파국전야라 할 수 있었다.

정신적으로는 정상적인 초점을 상실한 지 오래였고, 촌보전(寸步前: 몇 걸음, 몇 발자국 앞)도 내다보이지 않는 앞날의 경황! 정말 어떤 시인이 노래했듯이 캄캄한 〈코리아〉의 대낮! 그대로였다.

들리느니 탄식이요, 저주요, 아우성! 그러나 짓궂게도 바로 이 이웃에는 금준미주(金樽美酒: 화려한 술통에 빛깔과 맛 좋은 술)에 고가성(高歌聲: 높은 노래소리)가 있었나니, 참으로 딱한 합창이었다.

정치활동을 전면적으로 해제한 후에 민주당 재건파들은, 그들이 집권하던 9개월간을 가리켜 민주정치의 만발기(滿發期)라는 궤변을 토하고 국민들을 현혹하고 있으나, 사실인즉 천만의 말씀이다.

사전사후(史前史後: 역사 이전, 역시 이후) 있어보지도 않았고 이저 질(잊혀질, 잊힐) 수도 없을, 그 혼란과 공포, 그리고 상거래조차 무질서한 사회사정, 그뿐만이 아니었다.

650 대 1의 환율은 하루아침에 일약 1,300 대 1로 껑충 뛰어 올랐고, 사회의 혼란을 틈타 저들은 이권과 파쟁에 골몰하지 않았던가. 완전히 무정부상태라 할 수 있었다. 진정 그와 같은 것을 민주주의의

만개상(滿開相: 만발한 상태)이라 한다면, 우리는 우리가 아는 민주상식에 수정을 가하지 않을 수 없겠다. 그것을 가리켜 자유의 낙원이라 한다면, 우리는 우리가 알고 왔던 자유의 개념에 의문부(疑問符)를 달지 않을 수 없을 것이며, 그에 대한 공포를 느끼지 않을 수 없다.

왜냐하면. 그 당시에 누리던 자유란 다른 것이 아니고, 파괴와 폭행, 무법, 간첩의 횡행 등이 더불고 있었기 때문이다.

본인은 그와 같이 퇴조하는 사회 재상(諸相: 여러 모양)보다도 국민의 정신이 해이되고 무기력하게 되어 가는 데 크게 관심(關心)하였다. 말하자면, 〈우리의 것〉, 〈한국적인 것〉, 〈한국인적인 것〉이 점차 퇴화 소멸하여 가고, 대신 〈미국적인 것〉, 〈서구적인 것〉 그리고 〈일본적인 것〉이 등장하려는 데는 끝없는 분노를 누를 길이 없었다.

민주당 정권은 이를 석해(釋解: 해석)하여 현대 문명사회로의 발전이요, 개화라 할는지 모른다.

그러나 이것은 분명히 한국을 잃어가고 있다는 것이다.

우리의 권위, 우리의 존엄성, 우리의 주체성이 이렇듯 자꾸만 거세(巨勢: 큰 세력)인 〈남의 것〉에 밀리어 마치 풍전등화(風前燈火: 바람 앞의 등불)격으로 깜박거리고 있었으니, 참으로 통분할 일이다. 그러나 누구 하나 이 분노를 분노로 항거한 사람이 있었던가.

물론, 젊은 학도가, 공소(空疏: 내용이 없고 짜임이 허술함, 현실과 동떨어진 느낌)한 애국론만을 고창(高唱)하는 정치가가, 감상적인 문학가가 이 사양(斜陽: 저무는 해, 몰락)에 선 국가와, 염색되어가는 민족혼을 바로 잡기 위하여 몸부림치지 않았다는 것은 아니다.

그러나 이들의 순수한 몸부림이 과연 무슨 힘이 되었던가.

집은 있어도 문패는 남의 것이었고, 족보는 있어도 사생아를 면하지 못하였던, 지난날의 그 책임은 누구에게 있는가? 이는 두말 할 것 없이 구정객들에 있다.

5. 5·16 혁명

군은 정치에 관여하기를 원하지 않는다. 또 할 수도 없다.

4·19 학생혁명이 역도의 총격으로 사실상 위기에 직면하였을 때도, 군은 인내하며 단지 그 귀추만 주시하였을 뿐, 끝내는 본연의 임무에만 충실할 수밖에 없었던 것은 국민제위가 실제 본바 그대로다.

그러나 감내와 방관은 결국 동일한 개념 하에 집약될 수 없는 일이었다.

한도가 있는 법이요, 결코 무능한 채로 있을 수 없는 일이었다.

서상(敍上: 앞에서 언급함)한 바와 같이 민족경제가 파탄 농락되고, 구정객들의 망거(妄擧: 망령된 짓)와 죄악이 극에 달하였으며 사회가 혼란될 대로 혼란됨으로 하여, 불원한(不遠한: 머지않은) 장래에 망국의 비운을 맛보아야 할 긴박한 사태를 보고도 감내와 방관을 미덕으로, 허울 좋은 국토방위란 임무만을 고수하여야만 한단 말인가.

항시, 정의로운 애국군대는 감내나 방관이란 허명을 내세워 부패한 정권과 〈공모〉할 수는 도저히 없었던 것이다.

말하자면, 5·16 혁명은 이 〈공모〉를 거부하고, 박차고 내적(內敵)의 소탕을 위하여 출동한 군의 작전상 이동에 불과하다고 요약할 수 있을 것이다.

그같이, 본인은 40평생의 전 생애를 걸고, 뜻있는 동지들과 촌시(寸時: 매우 짧은 시간)를 아껴가며 구국의 방법을 숙의하였다. 자유당 정권의 말기 무렵이었다.

마침내 2·28 대구 학생시위가 단초가 되어 거센 4·19 학생혁명이 폭발되었다.

참으로 다행한 일이었다. 군의 출동 없이도 민권혁명은 벅찬 감격으로 일단 성공된 것이다.

그러나, 수백 학생의 희생과 수십만 민중의 시위로 쟁취된, 이 민족의 희망은 민주당 정권의 등장과 동시에 이미 깨어지기 시작하였다.

민주당 집권 9개월의 무능과 위급(危急: 위태롭고 급함)을 고하던 당시의 제사태는, 전술한 바와 같거니와, 본인은 마침내 혁명동지들과 더불어 궐기하기로 결심했다. 본인은 냉정히 혁명군의 진격을 명령하였다. 조금도 흥분하지 아니하였다.

어떤 사상적 지도자로 자처하려는 위인(爲人: 됨됨이로 본 어떤 사람)은, 4·19 혁명을 대낮의 공사(公事)에 비하고, 5·16 혁명을 밤의 거사(擧事)에 비유하여, 이 혁명에 흠을 잡으려 하였지만, 여기서 명백히 지적하려는 것은, 그 시각이 밤이 아니고 바로 〈새벽〉이었다는 사실이다.

새벽! 그것은 바로 이 혁명의 목적을 상징하는 시각이다.

〈민족의 여명! 국가의 새 아침!〉

김포의 혁명가도를 밟으며 본인은 밝아오는 오늘의 아침을, 그리고 그 태양을 마음 속으로 가득히 그리고 있었다.

그때, 앞서가고 뒤따르던 혁명동지들의 표정은 지금도 잊을 수가 없다.

30대의 청춘을 민족에 걸고, 오직 한 나라의 운명을 바로잡으려던 저들 모습 뒤에는, 사랑하는 아내와 아들 딸, 그리고 노모와 노부가 계시지 않는가. 아니, 인생의 꽃으로 아직 열매조차 맺지 않은 청춘이었다.

눈물 겨웁도록 성스러운 인간상이었다. 흐르는 한강을 내려다보며, 본인은 그 강물이 어제 흐르지 않던, 새 물결이었음을 깨닫기도 하였다.

묵은 것은 있을 수 없고, 언제나 새로운 것으로 역사는 저렇듯 흐르는 것이다. 그것은 어길 수 없는 대자연의 섭리요 교훈이 아닌가.

혁명의 공약

우리의 지상목표는 두말 할 것 없이 4·19 혁명을 계승하고, 경제, 정치, 사회, 일반문화의 향상과 신민족 세력을 배양하는데 있었다. 본인은 이 거창한 새 역사의 소지를 닦기 위하여 당면한 행동 강령으로서 혁명공약을 선포하였다.

반공을 국시의 제1의(義)로 삼고, 지금까지 형식과 구호에만 그쳤던 반공의 태세를 재정비 강화함으로써 외침(外侵)의 위기에 대비하고,

국련(國聯: 국제연합 즉 유엔)헌장을 충실히 준수하고 국제협약을 이행하며, 미국을 위시한 자유 우방과의 유대를 강화함으로써, 국제적인 고립에서 벗어나야 하고,

구정권 하에 있었던, 모든 사회적 부패와 정치적인 구악을 일소하고, 청신한 기풍의 진작과 퇴폐한 국민도의와 민족정기를 바로잡음으로써, 민족 민주정신을 함양하며,

국가 자립경제 재건에 총력을 경주하여, 기아 선상에 방황하는 민

생고를 해결함으로써 국민의 희망을 제고시키고,

　북한 공산세력을 뒤엎을 수 있는 국가의 실력을 배양함으로써, 민족적 숙원인 국토통일을 이룩한다.

　이상의 목표를 달성하기 위하여, 군관민이 총력을 집중하여야 한다는 내용이, 바로 그것이다.

　혁명 초기, 우리는 구악의 일소에서부터 착수하여 경제개발 5개년 계획에 이르기까지 불철주야(不撤晝夜: 밤낮을 가리지 아니함) 온갖 정력(精力)을 경주하였다.

　밤이 이슥한데도, 전국의 관공서 건물은 참으로 역사상 유래 없이 밤에도 집무하는 전등으로 밝아 있었다.

　그러나, 이 같은 우리의 노력에도 불구하고, 목적하는 과업은 제대로의 성과와는 달리 상당한 차질을 가져왔다.

　정치활동 재개 후에 있는 구정객들의 망동이나, 그 이전에도 음양으로 가해지던 어떤 힘의 작용에 대하여는 별장에서 언급하기로 하고 여기서는 유보한다

제2장

혁명 2년간의 보고

1. 구악(舊惡)의 청소와 환경정리
2. 혁명 2년간의 경제
3. 적극외교에 나서다
4. 문화·예술·교육
5. 재건국민운동

제2장

혁명 2년간의 보고

　마치 도둑맞은 폐가를 인수한 것 같았다고 본인은 정권인 수 소감을 앞에서도 실토한 바 있지만, 참으로 빈털터리, 바로 그것이었다.
　앞을 바라보거나, 뒤를 돌아보거나, 아무리 눈을 닦고 좌우를 살펴보아도, 본인에게 용기를 주는 낙관이나 희망은 그 단편조차도 찾을 수 없는 공가(公家: 빈집)! 그리고 중난(重難: 중대한 어려움)과 애로로 둘러싸인 환경, 달리 표현하자면, 사람의 손이나 발이 여태 닿지도 않은 채 내버려 쌓이기만 하던 진개장(塵芥場: 쓰레기장) 한복판에 서 있는 듯하였다.
　참으로 이러한 터전에서 용하게도 살아왔구나 싶었다.
　본인은 그럴수록 용기백배하였다. 이것은 군대라는 환경 가운데서 잔뼈가 굵어지는 동안 얻은 신념·의지 그것이었다고 함이 옳을 것이다.
　우선 이 더럽혀진 지역을 삽을 들고 말끔히 치움으로써 다시는 병균이 발생 못하게 하고, 강력한 소독을 실시함으로써 환경을 정리할 것과, 일방으론 실의와 기아에 허덕이는 가족들을 위하여 곡식을 심는 일이요, 그리고 정지(整地: 땅을 고르게 만듦)된 이 땅 위에 물벼락이 쳐도 끄떡하지 않는 집을 짓는 일을 향하여 결의를 다시 가다듬었다.

1. 구악(舊惡)의 청소와 환경정리

그와 같은 어지러진 지역을 말끔히 청결하게 한다는 것은 무슨 뜻인가.

물론, 청결의 대상은 쓰레기다. 구 정객이다.

이에 대한 대처 없이 청결은 하등 의미가 없다. 혁명은 무의미한 것이 되고 마는 것이다. 우리의 사정에서만 그런 것이 아니고, 이것은 세계적인 혁명의 본질이나, 귀결에서도 이미 상식화된 것이다.

4·19 혁명이 완전한 혁명으로서 결실을 보지 못한 것은 바로 여기에서 그 원인을 찾을 수 있다. 청소의 청부를 남에게 위임하였다는 데서 그 혁명은 단지 의거로서 변색될 수밖에 없었던 것이다.

같은 동포가 같은 동포를 가두고 처벌한다는 것은 참으로 가슴 아픈 일임에는 틀림없다. 그러나 대의의 명분 앞에서는 값싼 인도주의(엄격히 말해서는 그렇게 말할 수도 없지만)나 감상적인 도덕관에만 얽매일 수가 없는 일이 아닌가.

눈물을 머금고, 진정 눈물을 머금고, 본인은 그들을 엄단하지 않을 수 없었다.

이것은 명백히 말하여 두거니와 혁명에 뒤따르는 하나의 형식주의적인 것도 아니며, 원시적인 응보(應報: 선악의 행위에 응하여 갚음)의 방법도 아니라는 점이다.

마땅히 있었어야 하는 일이었고, 또 그러기에 290일간에 걸친 공정하고 합법적인 재판의 과정을 거쳐서 냉철한 수단으로 이루어진 것이다.

250건의 재판에 연루된 인원은 697명, 여기에는 상당수의 극형이 포함되고 있다.

  인간의 죄는 밉되 그 인간은 미워할 수가 없다. 하물며 한 집안의 가장, 지주(支柱: 버티는 기둥)를 잃은 가족을 생각하면 참으로 가슴 아픈 일이다.

  이 비극의 교훈이 거울이 되어 다시는 이 같은 일이 되풀이되어서는 안 될 것이다.

  한편, 구정(舊政)의 책임을 지고 재판대에 선 고위 정객과 더부러(더불어), 지난날 이들과 비정(枇政: 나라를 잘못되게 하는 정치)에 공모되었던 수천의 군소 정객에 대하여서는, 정치 정화법을 제정 공포하여 반성의 기회로 삼게 하였다.

  이들의 반성과 잡음의 제거 없이는 백사(百事: 모든 일)가 순조롭게 진행될 수 없다는 이유도 없는바 아니었다.

  국민 제위가 아시다시피 이들이 잠자코 있게 됨으로써, 혁명 대업은 신속하고도 알찬 결과를 맺어왔다. 이것은 그동안에 국민 제위가 일목요연하게 알 수 있는 일이다.

  그러나 언제까지 그들을 묶어놓을 수는 없는 일이었다. 혁명 과업과 민주 과업이란 이율배반의 〈딜레머〉 앞에서는 참으로 망설이지 않을 수 없었다.

  이들이 다시 정계에 진출한 그날부터 국가 민족이 기대하는 혁명 대업이 얼마나 부당하게도 국민에 곡해 선전되어 지장을 가져왔으며, 또 지금도 오고 있는가.

  참으로 원통할 일이다.

여기에 또한 정치와 불가분의 관계를 맺으며, 그 그늘에서 온갖 사회악을 서슴지 않고 잠행하고 온 경제계를 우리는 예리하게 해부하였다.

사실은 정치보다 먼저 숙청되어야 할 대상이었던 것임은 새삼 말할 겨를이 없는 것이다.

혁명정부는 이들 부정 축재자 59명에 대하여 총액 57억5,254만 3,368원(외화 변제액 8억9,875만9,108불 포함)을 몰수 판정하였다.

물론, 이들에 대한 조치는 4·19 이후 민주당 정권에 의하여 한때 수술대에 오르기는 하였었다.

그러나 그것은 국민의 눈을 농락하기 위한 연극에 불과하였고, 그들의 정치자금을 염출(捻出: 어렵게 짜내는 것)하기 위한 방법에 지나지 않았다는 것은 앞에서 지적한 바 있다.

혁명정부는 이외에도 행정 부문의 불필요한 제(諸) 제도를 쇄신하였다.

제도의 쇄신 없이는 발전의 터전을 기약할 수 없기 때문이다.

또한 총 614건의 각종 구법령을 정리하고, 372건의 구 법령을 법률, 각령(閣令: 법률에 따라 최상위 명령), 부령(部令: 장관이 내는 법규명령)으로 대치 정비하는 동시에 2,890여 건의 제 법령을 정리하였고, 한말(韓末) 이래 전래되어온 각종 공문서와 2,927종에 달하는 민원서류를 간소화하여 대민행정(對民行政)에 일대 수술을 단행하였다.

다음은 건국 공로자에 대한 표창이다.

구정권은 여기에 대하여 지극히 무성의하였다.

독립 애국 투사의 후예가 생활난에 허덕이고 있는 참상이 날마다의 신문 지면을 메우고 있어도 그들은 〈내 모른다〉 하였다.

이에 대하여 혁명정부는 그들의 공을 찬양하고 생명을 부조하는 방안으로 205명의 건국 공로자와 186명의 4·19 유공자, 그리고 2,876명의 사회유공자를 표창하였다. (1963년 7월 현재)

이것은 국민의 기풍을 바로잡고 신상필벌(信賞必罰: 공이 있는 자에 상을 주고. 죄가 있는 자를 벌하는 것)의 기강을 확립하려 함에서였던 것이다.

윤락여성문제에 대하여는 시급하고도 강력한 행정적 조치를 통감(痛感: 마음 사무치게 느낌)하였다.

사회의 이면을 누비면서 그들이 가는 곳은 악이 도사리고 폭력 기타 사회불안을 양성(釀成: 빚어 만듦, 자아냄)하였다.

따라서 이의 해결 없이 사회의 건전을 도저히 기대할 수 없는 일이다.

생활난의 부산물로 등장한 그 원인이 밝혀져 있은 이상, 이들에 대하여는 공개적인 특정 적선(赤線)지대를 설정하여 민간사회와 절연케 하는 일방 이들에 대한 직업의 보도(補導: 도와 올바른 데로 이끔)를 강구함으로써 점차적인 결과를 기대하고 있다.

2. 혁명 2년간의 경제

제1차적으로 정계를 정화한 혁명정부는 제2차로 경제 향상에 총력을 집중하였다.

1) 제1차 경제개발 5개년 계획

혁명공약 제4항에서 〈정부는 민생고를 시급히 해결하고……〉라고 한 것은 국가 자주 경제의 확립을 뜻한다.

건국 이래 처음으로 우리는 〈경제개발 5개년 계획〉을 수립하고 그 거보를 내디디었다.

본디 이 계획의 최대 주안점은 한국의 사회적 경제적 발전을 저해하는 일체(一切)의 부패, 부정, 사회악을 제거하여 새로운, 건전한 경제의 질서를 세우며, 자원의 합리적인 배분과 효율적인 사용을 통한 경제발전의 토대를 견고히 하고 공업화와 기타 산업구조를 균형 있게 하기 위함에 있었다.

구정권 때 10여 년을 두고도 끝내 책상 안(案)으로 서랍 속에 들어갈 수밖에 없었던 이 계획안은, 장래 성공 여부보다도 우선 안을 완성했다는 그 하나만으로도 충분한 가치가 있는 것이다.

이것은 단적으로 말해서 민족국가 경제재건에 혁명정부가 얼마나 크나큰 관심을 가지고 있으며, 국민의 사활문제로서 얼마나 중차대한 것인가를 증명하는 본보기라 해도 좋을 것이다.

이제, 이 계획의 개관을 소개하여 국민 제위와 더불어 검토하여 보기로 한다.

가. 5개년 계획의 기본방향

이 계획을 수행하는 기간 동안의 경제체제는 되도록 민간의 자유와 창의를 존중하는 자유기업제도를 원칙으로 하고 있다.

그러나 기간산업 부문에 있어서만은 정부가 직접 간접으로 공적 부문에 주력 관여한다. 이는 그렇게 함으로써 민간의 자발적인 활동과 의욕을 자극할 수 있기 때문이다. 즉 〈기업지도주의〉를 택하고 있다.

여기에 개발하려는 목표의 중점은 다음과 같은 것이다.

① 전력, 석탄, 〈에너지〉 공급원의 확보
② 농업생산의 증대에 의한 농가 소득의 상승과 국민경제의 구조적 불균형의 시정
③ 기간산업의 확장과 사회 간접자본의 형성
④ 유휴산업의 활용, 특히 고용증대와 국토의 보전과 개발
⑤ 수출증대를 주축으로 하는 국가 수지의 개선
⑥ 기술의 진흥

이러한 개발 목표를 달성하기 위하여서는 무엇보다도 인적자원과 자연 자원의 합리적인 결합이 앞서야 한다.

우리가 가지고 있는 것은 그대로 최대로 활용할 것이지만 그래도 부족되는 것은(재원, 기술, 외국차관 등) 외자도입으로 메우지 않으면 안 되는 것인데 그러한 자원공급을 위하여서는,

① 국내 자원의 최대한 동원과 외자도입의 촉진 및 정부보유불(弗)의 계획적 사용
② 국내 노동력의 최대한 활용에서 오는 자본화
③ 건전한 성장 과정을 위한 안정된 바탕 위의 발전을 기하도록 해야 하는 것이다.

나. 5개년 계획의 내용

이 개발기간 중의 경제 성장률은 연평균 7.1%이다. 5개년 동안의 국민총생산은 4.7%로 증가시키고, 목표연도의 국민총생산은 3,200억원으로 한다.

수출액은 기본연도의 4.2배인 13,800만불로 증대시켜 국제수지를 개선하고 산업구조를 균형화하여, 제2차 산업의 비중을 제1차 연도의 19.4%에서 26.1%로 높이도록 한다.

그리고 이 계획 전체에 투자되는 총액 3,200억원은 국내 조달이 72.2%인 2,300억원이고 나머지는 외자로 되어 있다. 이중 내외자 총액의 44%에 해당하는 1,428억원은 민간부담으로, 나머지 56%인 1,780억원은 정부가 조달하도록 되어 있다.

그리고 산업별로 본 투자내용은 총투자액의 49%를 전기, 교통, 통신, 주택 등의 제3차 산업부문에, 34%가 광공업인 제2차 산업부문에, 농촌, 수산계를 위한 제1차 산업부문은 17%로 되어 있다.

이에 따라 제1차 산업은 제1차 연도의 5.3%가 목표연도에는 6.2%로 증가되고, 제2차 산업은 11.1%에서 17.3%로, 제3차 산업은 3.8%에서 4.8%로 각각 성장하도록 되어 있다.

그런데 이에 소요되는 재원은 어디까지나 국민총생산에서 소비되고 남은 국내 저축과 외국원조와 외자도입에 의하여 마련될 것이며, 재화 면으로는 소비재 생산을 억제하고 생산을 증대하며, 수출에 의하여 획득되는 외화로 충당되게 하였다.

한편 국내 재원 중 가장 기대되는 저축은 과거 국민총생산의 3.7%로부터(이 계획 기간 동안에는) 8.7%로 늘이도록 예견되고 있다.

해외자원의 투자 기대율은 초년도의 8.6%에서 13.9%로 증대하였다가 계획 후반기에 와서는 국내 저축의 증대로 점차 줄어든다.

이러한 가운데 외자 조달은 미국 원조정책의 전환에 따라 무상원조가 감소될 것이므로 장기 개발차관과 기타 우방으로부터의 외자도입을 적극 서둘러야 할 것이다.

다. 5개년 계획의 실적

제1차 연도를 끝마치고 제2차 연도에 접어든 이 계획은 지금 예정대로 활발히 진척되고 있다.

그러면, 그동안 제1차 연도에 있어서의 실적을 살펴보기로 하자.

이 기간 중에 계획된 사업은 제1차 산업부문이 19개 사업체, 제2차 산업부문이 39개 업체, 그리고 제3차 산업부문이 50개 사업체로 도합 108개 사업체인데, 이것을 각 진도별로 보면 그 실적은 다음과 같다.

자금 집행 면

정부부문은 재정 융자계획 285.4억원의 86.2%에 해당하는 246억원이고,

민간부문은 자금계획 99억원의 55.5%인 55억원이 진행되었는바, 민간부문이 이같이 부진한 것은 그것이 순수한 민간사업이므로, 그 진행 상황 파악이 곤란한 데서 나타나는 현상이지만, 실제 총액은 상당히 높은 것으로 기대된다.

내·외자별

내자는 계획 총액 337억원에 대하여 80.5%인 271억원이고 외자는 47.5억원의 62.5%인 29.7억원이 집행되었다. 외자 면이 부진한 까닭은 차관을 포함한 외국으로부터의 물자 도입이 늦어진 데서 오는 것이다.

산업별

제1차 산업부문은 연간 계획 총액수 98.4억원의 97.4%인 95.9억원이었고,

제2차 산업부문은 110억원의 75.1%인 82.7억원이고,

제3차 산업부문은 176억원의 70%인 124억원이 집행되었다.

그리고 이 자금집행 실적 중에서 정부부문이 81.5%인데 비하여 민간부문은 70%의 지수를 나타내고 있을 뿐이다.

비율별 분석

이상 108개 사업체 중에서 심사분석을 대상으로 102개 사업을 기준으로 한 사업=추진 상황을 보면, 100% 이상 달성된 사업이 31개 사업체이고, 90% 이상이 47개,

80% 이상이 8개, 나머지 16개만이 60% 이하로 저조하다.

본인은 이상에서 경제개발 계획의 제1차 연도 상황을 개관하였다.

비록 100%의 진행은 보지 못하고 있다 하겠으나, 양차에 걸친 혁명을 치른 내외 정세와 허다한 불리(不利) 여건, 특히 이 사업에 절대 불가결한 외자도입상의 교섭 시일 관계와 국민들의 적극적인 협조의 부족 등에도 불구하고 그만큼이라도 진척을 보았다는 것은 실로 초현실적인 실적이라 하지 않을 수 없는 것이다.

특히 우리가 전기(前記) 분석에서 본 것과 같이 민간부문에서도 정부부문에 못지않은 분발이 있어야 하겠다는 것이다.

본인은 어떠한 난관, 어떠한 애로에 마주치는 한이 있더라도 이를 극복하고 성공의 길로 매진하여 나갈 것이다. 이것은 대국(大局: 큰 판국)의 책임을 가지고 있는 본인의 지상의무라고 믿기 때문이다.

이 계획의 성공 없이 우리의 자립경제는 확립될 수 없을 것이고, 따라서 혁명한 보람이 없게 되는 것이 아닌가.

국민제위가 명심하고 다짐할 점은 바로 이것이다.

이 계획의 완수 없이는 자주독립도 복지사회 건설도 한갓 헛구호에 불과하기 때문이다. 더구나 이 5개년 계획은 참으로 앞으로 2차, 3차, 4차, 5차 연도에 보람이 열려지는 것이다.

속담에도 〈시작이 반〉이라 하지 않았는가.

물론, 경제 전문가들이 말하는 무리도 결함도 없는 것은 아니다. 아니, 없다는 것이 거짓이다. 다만 알고 있느냐(알고 하느냐), 모르고 있느냐(모르고 하느냐)의 차이밖에 없는 것이다.

더구나 이 계획의 실행 중에 야기될 갖가지 재해 같은 것은 크나큰 타격이 될 것도 뻔한 일이다. 제1차 연도에 있어서 미증유(未曾有: 유래 없는)의 흉작은 그 좋은 본보기이기도 한 것이 사실이다. 그래서 결과적으로 이 계획은 상당한 차질조차 가져왔다.

그러나 무에서 유를 얻으려면, 다가올 많은 사태를 두려워만 하고 있을 수는 없는 노릇이 아닌가.

기적은 행동에서 얻어지는 것이다.
〈라인〉강의 기적은 고난이 낳은 것이 아니고 무엇이던가.
그러한 기적은 또한 재력이나 환경의 여건이 만든 것이 아니었고, 오로지 하고야 말겠다는 단합된 국민적 정신과 노력의 소산이었다고 본인은 믿고 있다.

2) 외자도입 실적과 그 개황

혁명정부는 이 계획의 관건인 외자도입을 위해 총력을 다하고 있다.
별항 외교 면에서도 언급이 되겠지만, 이 도입을 위하여 자유세계는 물론, 중립진영까지 경제외교를 강화한 것도 모두가 이 까닭이었던 것이다.
즉 외자도입 이외에도 수출시장의 개척 확보 등이 있다. 안으로는 외자도입에 대한 운용을 과학화하고 관리에 관한 사무를 일원화하는 일방 경제협력국을 창설하였으며, 외자도입법을 개정함과 아울러 동(同) 시행령과 시행세칙까지 공포한바 있다.

물론 이 이전에 경제기획원을 신설하고, 그 원장의 직위를 부수반격으로 승격 발령한 것 등으로 미루어 보아도 국민제위는 혁명정부가 경제부문에 얼마나 큰 관심을 가지고 있는가를 알 수 있을 것이다.

그러나 경제는 단시일 내에 현저한 결과가 나타나는 것이 아니다.

경제의 파국은 하루만에라도 드러나지만 발전 향상은 장구한 시일을 요하는 것이다.

어쨌든 외자도입은 참으로 기술도 요하거니와 까다롭다. 개인 대 개인의 경우에서도 그렇지만 국가와 국가 간은 더욱 그런 것이다.

그러나 혁명정부가 이룩한 실적은 건국 이래로 큰 액수를 시현하고 있는 것이다. 그러나 우리가 기대하는 액수와는 아직도 상당한 거리에 있는 것임은 말할 필요조차 없다.

가. 외자도입의 실적과 그 전망

AID 차관

ㄱ. 부산 감천 화력발전소
① 1961년 12월 28일 차관협정 체결
② 차관액　　2,090만불
③ 실수요자　한국전력
④ 시설규모　13만2,000KW

ㄴ. 제3 시멘트공장

① 1962년 7월 13일 차관협정 체결

② 차관액　　　425만불

③ 실수요자　　현대건설

④ 시설규모　　연산 15만M/T

ㄷ. 객·화차 도입

① 1962년 8월 17일 차관협정 체결

② 차관액　　　1,400만불

③ 실수요자　　교통부

④ 규　　모　　객차 115대, 화차 800대

ㄹ. 디젤기관차 도입

① 1962년 8월 29일 승인

② 차관액　　　800만불

③ 실수요자　　교통부

④ 규　　모　　30대(추가 70대분 교섭 중)

AID 차관 신청 사업

ㄱ. 충주 비료공장 배가 확장 사업

① 1962년 8월 10일 신청 심의 중

② 규모내용　　기존시설(요소 연산 8만5,000M/T)의 배가 확장

③ 소요금액　　1,900만불

ㄴ. 대구시 상수도 사업

① 1962년 7월 7일 신청 심의 중

② 규모내용   10만MTD

③ 소요금액   240만불

ㄷ. 장성 탄광 개발사업

① 1962년 7월 23일 신청 심의 중

② 규모내용   연산 144만M/T

③ 소요금액   950만불

유솜(USOM: 미국원조사절단) 차관 신청 사업

ㄱ. 송전 및 무전시설 확장

① 1962년 8월 31일 신청 심의 중

② 규모내용   시외전화 및 무선 시설 확장

③ 소요금액   835만불

ㄴ. 군산 화력발전소 건설

① 1962년 9월 21일 신청 심의 중

② 규모내용   용량 66,000KW

③ 소요금액   1,278만불

ㄷ. 서울특별시 보광동 상수도 사업

① 1962년 7월 23일 신청 심의 중

② 소요금액　　　　　외자　유솜 검토 중
　　　　　　　　　　　　내자　6억원
ㄹ. 중소기업 육성
　① 1962년 8월 16일 제1차 신청 심의 중
　　한국은행에서 제2차 초안 작성 중
　② 소요금액　　　　　2,000만불

AID 사업으로 추진과정 사업

ㄱ. 당인리 화력발전소 제4호, 제5호기 신설
① 1962년 4월 26일 미 GAI회사의 기술용역 계약 체결
② 시설규모　　　　각 6만 6,000KW
③ 금　　액　　　　제4호　1,243만불
　　　　　　　　　제5호　1,220만불

ㄴ. 울산 화력발전소 건설
　① 신청 추정액　　　1,270만불
　② 규　　모　　　　66,000KW

ㄷ. 영산강유역 간척지 개발

① 그간 <유엔>특별기금에 의한 화란(和蘭: 네덜란드) 기술단과, <유엔>특별기금 운영부장 <디비이자> 씨가 내한하여 각각 기술조사를 한바 있다.

② 신청 추정액 860만불

서독 차관으로 추진 중인 사업

ㄱ. 전신, 전화 가설
① 1962년 9월 14일 서독 해외재정원조심사위원회에서 차관이 승인되어 현재 이자율을 심의 중
② 규 모 36,000회선
③ 금 액 875만불

ㄴ. 탄전개발
① 1962년 2월 26일 신청 심의 중
② 규   모 연산 목표연도까지 1,174만M/T
③ 소요금액 518만불

ㄷ. 대한조선공사 확장
① 1962년 2월 26일 신청, 기술조사 보고 중
② 소요금액 482만불

나. 민간 외자도입

  5개년계획 사업과 우리나라 경제면에서 가치도가 높다고 보는 사업만을 검토하여 직접투자 3건, 차관계약 12건이 외자도입 사업으로 허가되었는데, 그 내용은 다음과 같다.

금, 은, 동의 개발, 군용차량공장, 필라멘트, 나일론사공장, 송배전선공장, 급속냉동 냉장공장, 방직기 및 가공기 공장, 전기기구공장, 원양어선도입, 제4 제5 제6 시멘트 공장, 세미 케미칼·펄프공장.

이상에서 보는 바와 같이, 5개년 계획에 있어서 그 제1차 연도인 1962년 단 1년간에 그만큼 많은 외자가 도입되었다는 것은 놀라운 일이다.

미국 자본의 도입은 물론, 멀리 서독에의 진출은 확실히 주목을 끌지 않을 수 없는 일이다.

앞으로 한일 국교가 정상화됨에 따라 일본의 자본까지 도입된다면 상당한 호전이 기대된다.

3) 산업 부문별의 실적

제1차 산업부문: 혁명정부가 가장 정력적으로 노력하였던 이 분야는 5개년 계획 제1차 연도에 있어 돌발적으로 일어난 미증유의 한발(旱魃: 극심한 가뭄)과 풍수해로 말미암아 치명적인 타격을 입게 되었다.

여기에 대하여 정부는 긴급 재해대책을 수립하고 총액 302억원을 방출하여 대파(代播: 모를 내지 못한 마른 논에 다른 곡식을 심는 일)종자와 그 조작비, 그리고 양수기 조변비(調辨費: 조사하여 처지하는 비용)에 충당하는 일방, 연인원 935만명을 동원하여 그 복구는 물론 앞으로 다가올 재해방지까지 기하였다.

이 재해로 말미암아 제1차 연도 농림부문의 성장은 10.3%로, 부가가치 면에서 계획된 879억원은 794.6억원으로 약 80억원의 감소를 보였다.

그러나 수산부문은 20.1%의 성장으로서 부가가치계획 31억원은 35.2억원으로 4.2억 원의 증가를 시현함으로써 전체적으로 전년도 대비 성장률로 보면 5.3%에서 9.3%로 증진한 셈이다.

그리고 이 부문의 제1차 연도계획 사업체의 추진은 19개 사업체 중 100% 이상 완성된 것이 11개 사업체, 90% 이상이 7개 사업체, 이렇게 보면 불과 1개 사업체만이 80% 이하에서 저회(低廻: 낮게 돎, 하회)하고 있을 뿐으로 상당한 진도를 보였는데 자금 집행 면을 보면 정부와 민간의 합계 계획액 98.4억원에 대하여 97.4%에 달하는 95.9억원의 집행실적을 지수(指數: 기준점 100을 근접하게 유지)함으로써 거의 100%의 진척상황을 또한 나타내고 있다.

제2차 산업부문: 국가 공업화에 의한 경제구조의 낙후성을 극복함을 목적으로 하는 5개년 계획에 있어 제2차 산업은 가장 큰 비중을 차지하고 있다.

이 부문의 제1차 연도 국민총생산의 추정 실적은 기준연도 성장률 4.1%에 비하여 1962년도는 11.1% 성장을 기하였다.

그런데 이것을 부가가치 면에서 본다면 계획된 475.8억원에 비하여 510.4억원의 실적을 올림으로써, 결국 같은 해 11.1%에 3.1%가 증가된 14.2%의 성장률을 나타내었다.

또한 사업 진척상황을 본다면 심사분석 대상 34개 업체 가운데 이미 계획 초과 사업체만도 5개나 되고, 90% 이상이 18개, 80% 이상이 4개이고, 나머지 7개 사업체만이 60%선을 상하회할 뿐으로 비교적 좋은 성적이라 할 수 있을 것이다.

한편 자금 집행 면을 보면 어떤가. 동년도 계획액 110억원에서 정부와 민간의 집행 실적을 보면, 정부 재정융자 연간 계획액 69.6억원에 대한 83.2%인 57.9억원을 보이고 민간자금은 계획액 40.4억원 중 24.7억원이 집행되었다.

이것을 다시 부문별로 본다면, 광업은 연간 계획액 18.8억원 중 16.3억원이 집행되고 (86.4%), 제조업이 계획액 91.3억원 가운데서 73%인 66.4억원이 사용되었는 데 이는 주로 신규공장의 건설준비와 여러 방면의 기초조사와 기술용역 계약 등으로 추진되었다.

제3차 산업부문: 전력, 운수, 보관, 통신, 주택, 교육, 보건 및 기타 봉사업(奉仕業)을 내용으로 하는 이 부문은, 1962년도 국민총생산 추정을 살피건대, 기준연도 성장률 1.8%에 비하여 동년도 계획은 3.8%에 달하였고, 이의 부가가치 면의 실적은 계획액 1,066.9억원이 1,132.7억원으로 증가를 나타냈다.

여기에 그 사업진도와 자금집행 면을 보면 각각 다음과 같다.

첫째 사업진도는 심사분석 대상 48개 사업체 중 90% 이상이 36개로서 압도적이며, 80% 이상이 7개 업체로서 그 다음을 차지하고, 60% 이하에 맴돌고 있는 것은 단 1개 사업체뿐이다.

다음에 자금의 집행상황을 보면, 정부와 민간자금을 합하여 전력관계가 계획액 25.7억원 중 13.7억원이고 보관과 운수부문이 12억원에서 5.5억원이 집행 되었으며, 통신이 계획액 1.7억원에 1.5억원, 교육과 보건부문이 5.5억원보다 2억원이 증가된 7.5억원, 봉사업이 또한 0.3억원 증가된 11.4억원이 집행되어 결국, 총체적으로 보면 계획액 59억원의 70%인 40억원이 집행된 것이 된다.

이상과 같이 실상황을 내다볼 때 우리는 여러 가지 감회를 느낄 수 있을 것이다.

더러는 60% 이하로 맴돌고 있는 분야도 있으나, 대체적으로 볼 때 거개(擧皆: 거의 모두)가 80% 내지 90%선을 견지하고 있어 우리의 5개년 계획의 전망은 상당히 밝다하지 않을 수 없다.

구정권의 비정(秕政: 나라를 잘못되게 하는 정치)으로 말미암아 생긴 갖가지 여건이나, 그 환경의 악조건이 산을 닮았는데도 불구하고, 그만한 실적을 쌓아 올릴 수 있었다는 것은, 참으로 기적에 가까운 결과이기도 한 것이다. 그러나 낙관을 불허한다.

〈로마〉가 하루아침에 이루어지지 않았듯이 우리의 경제향상 역시 하루아침에 이루어지지 않을 것이기 때문이다.

그러나 확언하여 둘 것은, 이 제1차 연도의 실적은 5개년 계획의 기초가 된다는 것이다.

4) 각 중요한 산업별 실적의 검토

이제 본인은 여기서 다시 각 주요 산업별 실적을 더듬어 구체적인 검토를 가해 보고자 한다.

가. 수출의 진흥

경제개발 5개년 계획의 목표 연도에는 1억1,000만불의 수출 증대를 기해야 하는 것이다.

이렇게 하기 위해 혁명정부는 5·16 이후 수출 산업에 대하여 최대의 특혜조치를 강구하고 또 한편으로는 수출실적〈링크〉제도를 실시하여 수출 수입에 있어서의 외환 수급 계획상의 균형을 유지하게 하였다.

또한 5개년 계획의 수행에 필요 불가결한 원자재의 도입을 원활하게 촉진하기 위한 제반 조치도 취한바 있다.

즉 수출과 군납, 그리고 보세 가공무역 등의 수출 증대를 기하기 위하여 각종 편리를 제공하고 특히 수출조합법의 제정과 운용, 대한무역진흥공사의 신설을 비롯하여 해외 선전 무역거래 알선, 시장의 개척, 각종 해외 박람회에의 참가 지원, 동남아지역과 서구지역 그리고 인니(印尼: 인도네시아)에의 통상사절 파견, 자유중국을 비롯한 비율빈(比律賓: 필리핀), 태국, 일본 등과 불원(不遠: 머지않아) 통상협정을 체결할 준비까지 갖추는 등 전면적인 뒷받침을 아끼지 않았던 것이다.

이외에도 특기하고자 하는 것은, 1962년 3월과 4월, 그리고 7월에 있었던 미국, 서독, 향항(香港: 홍콩), 중국, 일본 등에 상무관을 파견을 들 것이다.

이것은 한국 수출의 전위로서, 중요 국가에 대한 시장 구득(求得: 구하여 얻음)과 무역정책 수립에 필요한 기초자료를 수집하는데 큰 성과를 거둔 것으로 알고 있다.

우리의 이와 같은 노력으로 나타난 실적은 과연 어떤가.

1960년 혁명 이전의 34,641,000불이 1961년 혁명 1년에 와서는 42,901,000불로 상승하게 되었으며, 1962년도에는 목표액

72,504,000불의 93%를 달성하기에 이르렀다. 물론 7%의 미달이 마음에 남기는 하나, 그래도 구정권에 비하면 2,000만 불을 초과하게 되었다는 것은 크나큰 격려가 아닐 수 없다.

나. 광업부문의 개발

　정부는 동력의 원동력인 석탄의 개발 촉진을 위하여 대한석탄공사의 운용을 합리화하고 아울러 석탄개발위원회를 설치하였다.
　또 한편으로는 광구의 실태조사와 대단위 탄좌 개발회사의 신설, 시설자금의 방출, 석탄개발〈센터〉의 설치운영 등 제반 시책을 강구한 결과,

　1961년에는 생산 계획량 390만톤보다 5만톤이 더 많은 395만톤을, 1962년에는 또 6,892,320톤 생산 계획량보다 7%의 초과 생산량인 7,444,000톤을 실적으로 나타냈다.
　이것은 1962년 3월과 6월에 각각 63만톤과 63만8,000톤을 생산하여 구정권시의 1959년 동월 실적인 32만톤의 약 2배에 당(當)하는 생산량인데 이는 또한 건국 이래 최고 기록이 되는 것이다.
　석탄 이외 중요 광산물의 실적은 또한 어떤가.
　지하 자원개발에 대한 혁명정부의 시책과 실적은 전기(前記) 석탄 이외에도 같은 결과가 나타나 있다.
　1961, 62년도의 실적은 1960년도(구정권시)에 대하여 132.65%의 증산을 보였는데 이것을 중요 광물산업별로 보면 다음과 같다.

철광석	499,892 M/T	124%
중석	6,304 M/T	127%
금	2,615 KG	127%
은	14,320 KG	139%
석회석	1,264,600 M/T	198%

이것을 다시 민주당 정권 때의 1960년도에 비하여 보면 1962년도는,

금	3,355,459 G	163%
철광석	470,744 M/T	120%
중석	5,798 M/T	130%
토상흑연	183,879 M/T	201%
형석	32,970 M/T	173%

이렇게 놀라운 증산실적을 거둔 것이다.

다. 전력부문의 실적

이 부문은 참으로 한심한 상태에 있었다.

이에 감(鑑: 거울에 비쳐 봄, 살펴봄)하여 혁명정부는 제1차 전원개발 5개년 계획을 작성하여 시책의 종합적인 검토와 전력손실 방지, 전력회사의 통합 등으로 우선 경영에 대한 합리화를 단행하기로 하였다.

전력회사 3사의 통합은, 구정권시 총보유 발전설비가 불과 37만 KW에 불과함에도 불구하고 이것을 발전과 배전으로 3사가 분리 경영함으로써, 필요 이상의 출혈을 가져왔음에 비추어 모든 잡음과 반대를 무릅쓰고 한국전력주식회사법을 제정 공포한 데서 이루어진 것이다. (1961년 7월1일 자)

3사의 통합은 누적된 적자운영과 타성화된 전력 부진을 불식하고 불필요한 인원 1,865명을 감원함으로써 연간 약 44,700만원의 경비를 절약할 수 있는 동시에 과거의 결손 35,000만원을 상환하고 연간 약 1억원의 투자가 가능하게 되었다.

이러한 결과로 발전력은 과거 최대출력 288,000KW에서 342,000KW까지 올라갔다. 이것은 정부가 당초 1962년도 말까지 목표하였던 350,000KW에 대한 97.7%에 해당된다.

그리고 정부는 계속적으로 전원개발 5개년 계획에 다라 1962년도를 기점으로 하여 1966년도에는 1,000,000KW를 목표하고 있다.

1961년도의 필요출력 5,102,000KW에 대하여 2,008,000KW나 부족한 전력난을 시급히 해결하고 68,000KW의 여유 있는 출력을 계획하고 있고, 또한 1962년도의 1인당 전력 수요량 73KW를 1966년도의 목표연도에는 106KW로 증대키로 하였는데, 소요경비와 건설기간 등을 고려하여 수력 대 화력을 207 대 793으로 하여 현재 총력을 집중하고 있으므로 1964년경부터는 완전히 전력부족에서 탈피할 것으로 기대되는 바이다.

지금 전원개발 계획으로 진행하고 있는 신규수력이 2개소, 신규화력 건설 10개소인데 여기 총건설 소요자금은 외화가 160,830,000 불이고 내자가 15,071,800,000원으로 총액은 35,854,000,000원이나 되고 있다.

라. 중소기업의 육성

지금까지 한국의 공업은 농업을 기반으로 하고 왔다.

이러한 결과는 필연적으로 경제규모에 영세성을 가져오게 하여 자연히 중소기업의 비중을 높였다.

즉, 기업체만 하여도 97.5%이며, 종업원에 있어서는 67%, 부가가치는 57%란 절대적인 비중이다.

이에 감(鑑)하여 정부는 이를 육성하는데 주안점을 두게 되었다.

중소기업 협동조합의 지도와 육성과 그 사업의 조성, 합리적인 경영화 등 제시책을 강구하였고 특히 중소기업 금융제도를 개선하여 자금을 대대적으로 방출하였을 뿐만 아니라 새로 중소기업은행을 설립한 것은 이 부문에 대한 정부의 관심을 증명하는 것이라 하여도 좋다.

이리하여 정부는 이 부문의 경기회복과 가동률의 향상, 생산판매의 증가, 고용의 증대를 촉진하게 되었는데, 이 상황을 연도별로 살펴보면, 1961년에는 일반회계에서 5억 원, 금융자금에서 3억원 합계 8억원의 자금을 방출하였고, 1962년에는 자금사정의 완화와 기존시설의 최대 가동을 주목적으로 하여 재정자금 5억원을 방출하여 751개 기업체의 운영자금으로 하였고, 단체융자 8억원을 공동 사업 자금으로 방출하여 30개의 조합과 연합회의 원료 공동구매 자금으로 사용하게 하였는데 이 같은 자금 방출과 시기에 알맞은 적절한 시책은 이 부문의 생산 의욕과 가동 향상에 크게 도움이 되었다.

마. 조선사업의 발전

정부수립 이래 10여년간 가장 버림받은 부문이 이 조선계이다. 삼면이 바다에 접한 우리나라의 위치를 망각한 처사라 아니할 수 없는 것이다.

혁명정부는 먼저 조선시책의 쇄신을 위하여 조선자금의 확보에 착수하였다.

선주의 부담을 덜기 위하여 조선 융자금을 장기 저리로 대부하는 등 강력한 시책을 강구한 결과, 단시일 내에 괄목할 만한 성과를 거두는 데 성공했다.

즉 1962년에는 융자금 1억2,000만원, 보조금 8,700만원을 동원하여 목선 3,704톤, 강선 350톤 계 4,054톤을 건조하였는데, 이는 당초 계획 톤수 2,660톤에 대하여 실로 152%의 성과를 이룩한 것이 된다.

또 한편으로는 그동안 완전 휴업상태를 면하지 못하던 대한조선공사를 자본금 10억 원을 증자하여 그동안 누적된 부채를 청산하고 재기 강화하게 하였는데, 이리하여 1962년도에는 1척 350톤의 강선을 건조하였을 뿐만 아니라 1963년도 4월 현재에 있어서는 1,600톤 급 화물선 2척의 건조공사가 40% 진척되고, 500톤 급 2척, 300톤 급 2척, 350톤급 1척, 150톤급과 지난 7월에는 2,000톤 급의 거선 신양호가 진수되었음은 국민제위가 다 잘 아는 사실이다.

이제 한국의 조선계는 이같이 전망이 밝아오고 있다.

5) 주요 생산품 생산 실적

경제개발 5개년 계획에 의하여 연간 15%의 평균 성장률을 목표로 하고 있는 제조업 부문에 있어서는 1961년도 실적이 기준연도 1960년도에 비하여 3.4%, 1962년도는 11.5%의 증대 성장을 보였고, 부가가치 면에서 보면 1961년도에는 1960년의 기준연도에 비하여 296억1,000만원 대 285억 2,000만원이고, 1962년도에 와서는 295억 1,000만원 대 319억 9,000만원으로 건전하고도 순조로운 성장을 보였다.

여기서 참고로 제1차, 제2차, 제3차 산업의 종합 생산을 보면, 16.8%(1962년)란 실로 수년래(數年來)의 최고 기록을 시현하고 있다는 것이다.

6) 기간산업의 건설

구정권이 미국을 비롯한 우방, 그리고 각종의 원조에도 불구하고, 소비성 산업에만 주력하였다 함은 다 알게 된 사실이지만, 이같이 국가 기간산업이나 수입대체산업, 수출 산업에 등한함으로써 국가경제를 후진상태로 방치한 것은 무어라고 변명할 수 없는 실정(失政: 잘못된 정치)이라 하지 않을 수 없을 것이다.

이제, 본인은 경제개발 5개년 계획을 중심으로 하여 이 부문의 실적을 더듬어 보고자 한다.

가. 종합제철소의 건설

1962년부터 동(同) 69년의 6개년에 걸쳐 울산에 건설될 이 제철소는 연산 선철 301,000톤을 생산할 수 있는 능력을 갖게 될 것이다. 그동안 차관과 합작투자 등을 교섭 추진하는 한편, 후보지에 대한 기술적인 조사를 완료하였는데 이것이 건설되는 날에는 연간 외화 약 2,500만불을 절약하게 됨은 물론 약 2,000명의 고용도 가능하게 되는 것이다.

나. 디젤엔진 공장 건설

낡은 차량과 휘발유에 의지하고 있는 차량을 연차적으로 〈디젤엔진〉과 대체함으로써, 연간 외화 약 2,500만불을 절약하고 841명의 고용을 증대하기 위하여 연간 3,000대의 생산능력 공장을 지난 1963년부터 인천에 건설할 과정을 서두르고 있다.

1964년까지 완공될 이 공장은 조선기계제작소로 하여금 사업을 맡아보게 하고 있는데 현재 이미 건물공사는 완료되었고, 기술계약은 일본 〈이스즈〉회사와 체결하고, 지금 약 20%의 진척을 보이고 있다.

다. 방직기 및 가공기 공장 건설

현재 국내에는 약 50만추의 방직기가 있으나, 대부분의 시설이 막대한 외화에 의지하고 있으므로, 이를 대체할 방직기와 가공기가 요청되어 왔다.

정부는 이 공장을 건설하여 연간 1,000대의 방직기와 27대의 가공기를 생산하여 연간 외화 300만불을 절약하고, 860명의 고용증대를 기하려고 하고 있다.

1962년에 기공하여 내(來: 오는) 1964년까지 완공을 목표하고 있는 이 공장은, 서독의 〈홀마이스터〉회사와 계약을 체결하였는데 현재 12.7%가 진행되고 있다.

그리고 배창공업도 이미 1962년 5월 23일에 서독 〈크리카노〉 회사와 차관계약을 체결한바 있다.

라. 전기계기 공장의 건설

전원개발 사업의 추진에 수반하여 자연히 증가되는 적산전력계를 비롯한 각종 계기류의 자급자족을 위하여 이 공장의 건설은 뜻이 큰 바 있다.

이 공장은 연간 적산(積算)전력계 548,000개와 기타 계기류 268,000개의 생산을 보게 될 것인데, 이는 차관에 의하여 금성사가 맡고 있다.

1962년 6월에 외자도입이 승인되고 동 7월에는 시설기계가 발주되었다.

이것이 준공됨으로써 외화는 연간 550,000불이 절약되고, 998명의 고용증대를 기할 수 있게 된다.

마. 전기기재와 〈케이블〉공장 건설

1962년부터 동 64년까지에 건설을 목표하고 있는 이 전기기재 공장은, 월간 전동기 2,080대와 변압기 750대, 〈콘덴서〉 100,910개, 회로차단기 2,010개, 전열전선 180톤 등을 생산하게 될 것이며, 〈케이블〉공장에서는 연산 2,988톤의 〈케이블〉선을 생산하게 될 것으로 기대되고 있다.

전기기재 공장은 미국 〈웨스팅하우스〉와 그리고 〈케이블〉공장은 서독 〈홀마이스터〉회사와 각각 계약하고 건설되고 있는데 그 대지만 해도 7,569평, 29,000평의 방대한 넓이를 차지하고 있다.

바. 급속냉동공장 건설

수산물의 급속냉동과 제빙을 목적으로 한 이 공장은 1962년부터 동 64년까지 건설된다.

일간 17톤의 급속 냉동능력을 갖게 될 이 공장을 삼양사가 맡고 있는데, 1962년 4월에 〈스위스〉의 〈에파위쓰〉회사와 차관계약으로 진행되는 것이다.

이것이 완공되는 날에는 연간 외화 89,000불을 아낄 수 있게 된다.

사. 소형 자동차 공장 건설

새나라자동차 공장의 건설은, 1962년도에 1,500대, 1963년도에 3,000대 그리고 1964년도와 1965년도, 1966년도에는 각각 3,000

대, 3,600대, 4,800대 생산을 계획목표로 하고 있다.

말도 많았던 이 새나라자동차 공장이 완전한 기능을 발휘하게 된다면 이로 인해 외화는 연간에 900만불이 절약되고, 1,900명의 실업자를 흡수할 수 있을 것이다.

아. 중대형 자동차 공장 건설

1962년부터 동 64년까지 완성할 계획으로 있는 이 공장은 일본의 〈이스즈〉회사와 기술계약을 체결하고 건설 중에 있는데, 이 공장의 건설이 끝나면, 연간 외화 1,300만불을 절약하게 되고 3,700명이란 많은 고용을 증대하게 되는 것이다.

자. 나주 비료공장

연산 요소비료 85,000톤의 생산 규모를 갖고 1962년 12월에 준공식을 마친 이 공장은 1963년 1월부터 시운전에 들어갔으며, 동년 4월에는 예정한 15톤의 생산에 성공하였는데 금년 중에는 약 30,000톤의 생산이 있게 될 것으로 믿어지고 있다.

차. 정유공장

정부는 〈에네르기〉의 원천인 이 정유공장의 건설을 위하여, 대한석유공사를 설립하고 미국의 〈플라워〉회사와 건설계약을 맺고 공사를 진행 중에 있다.

당초 계획은 1964년 2월을 완공 목표로 하였는데, 1963년 말까지는 준공을 보게 될 듯하다.
　이 공장이 제대로 가동하게 된다면 연간 990,000B/L(배럴)의 석유가 생산될 것이며, 외화 또한 연간 1,200만불의 낭비를 막을 수 있게 되는 것이다.

카. 시멘트 공장

　제3시멘트 공장, 제4시멘트 공장, 제6시멘트 공장 등을 가동하게 된다면 연간 1,570,000불의 외화가 나가지 않아도 좋게 되고, 1,900명의 고용이 증대하게 될 것이다.
　다음에 이상의 공장에 대한 청사진을 살펴보기로 한다.

제3시멘트 공장

① 생산량　　　　　　　연 15만 M/T
② 소요자금　　　　　　외자 425만 불
　　　　　　　　　　　내자 16억 원
③ 준공예정　　　　　　1964년 2월

제4시멘트 공장

① 생산량　　　　　　　연 40만 M/T
② 소요자금　　　　　　외자 582만 불
　　　　　　　　　　　내자 29억 7,000만 원
③ 준공예정　　　　　　1964년 10월

제6시멘트 공장
① 생산량　　　　　　연 40만 M/T
② 소요자금　　　　　외자 649만 5,000 불
　　　　　　　　　　내자 30억 원
③ 준공예정　　　　　1963년 12월

타. 나일론 공장

이 공장은 이미 건설을 끝내고 1964년부터는 정식으로 가동을 보게 될 것이다. 그 규모는 연간 200만B/L의 〈나일론〉사를 생산하게 될 것인데 이렇게 되면 연간 2,970,000불의 외화를 절약할 수 있게 된다.

7) 정부 직할기업체의 운영 합리화

앞에서도 기회 있을 때마다 지적한바와 같이, 구정권하의 기업체들은 혁명정부의 시책으로 말미암아 완전히 생기를 회복하고 새로운 면모를 갖추게 되었다.

여기서 그 단면이나마 수지 경영면을 살펴보기로 하자.

혁명 이전인 1960년도 정부 직할기업체가 계상한 총수익금은 73,938,959원이다.

그러던 것이 혁명 당년에는 놀랍게도 약 12배가 되는 878,813,730원으로, 그리고 그 익년(翌年: 다음해) 1962년에 와서는 또한 전년에 비하여 약 1.8배가 증가한 1,682,534,767원을 시현한 것이다.

다시 이것을 혁명 전후와 각 사별로 그 내역을 살펴보면 다음과 같다.

기업체 명	혁명 전(1960년, 원)	혁명 후(1962년, 원)
한국전력	1,840,000	813,000,000
대한석탄	33,296,000	199,264,006
대한중석	14,192,889	3,645,000
	(중석시세 급락으로 온 현상, 1961년은 194,710,000 이다)	
충주비료	미가동	380,218,000

인천중공업	15,092,000	167,930,000
대한철광	10,327,000	72,087,000
한국광업제련	95,600	37,788,000
조선기계	5,815,000	9,406,000
대한조선	4,854,000	15,616,000
〈이하 생략〉		

8) 농림 행정부문

농촌경제의 재건은 한국 자주경제의 소지(素地: 기초 바탕)가 되는 것임에도 불구하고 상술(上述)한 바와 같이 구정객은 이 농촌을 내버렸다.

혁명정부가 들어서면서 먼저 착수한 것이 이 부문임은 국민제위가 다 잘 알고 있는 바이니 즉, 농어촌의 고리채 정리, 농산물의 가격 유지책, 동법령의 공포, 농협(農協)과 농은(農銀)의 통합, 영농자금의 적기 대량방출, 귀농 정착사업, 수리조합의 운영강화와 산지 사방사업, 유축(有畜: 가축을 가짐)농업의 장려와 그 진흥, 수산자원의 개발촉진, 수산단체의 정비, 농어촌 기술지도 체계의 일원화 등 실로 국가의 총력을 여기에 집중한 감조차 없지 않다.

특히 농어촌 경제의 안전과 성장 발전에 암적 존재였던 농어촌 고리채의 정리는 완전무결한 것이었다고는 말할 수 없겠지만, 혁명정부가 아니고서는 도저히 시도조차 상상할 수 없는 대담한 정책으로서 농어촌민이 숨을 돌릴 수 있게 하였다는 것은 큰 성과로 자신하는 바이다.

또한 구정권시는 마지못해 하는 감이 있던 영농자금도 실효 있게 방출하여 그 액수가 1961년도에 23억원, 1963년도에 37억원, 도합 60억원에 달한다.

융자 면에서 본다면, 과거 채권담보에만 급급하던 은행식의 금융을 지양하고, 농협을 통한 지도금융을 실시하였고, 융자금을 효과 있게 사용하게 하고, 농(어)촌의 자금 수요를 충족시킴으로써 농업생산의 증진과 농가소득의 향상을 기하였다.

그러나 이같이 수출산업의 증가와 정력적인 시책이 있는 반면에 한발과 수해에서 온 흉작으로 말미암아 식량사정은 난관에 부닥치지 않을 수 없었다.

이것은 솔직히 시인하거니와, 작황의 파악에 소홀했던 점과 부족량에 대한 외곡의 도입정책의 차질 등으로 일시 농촌행정에 난맥을 노정하게 함으로써 예상외의 파동을 야기한데 대하여 정부는 상당한 실수를 하였다고 할 수 있다.

이것은 앞으로의 시책 강구에 중대한 결의를 촉구하는 자극이 되었다.

9) 교통·체신 부문

교통 행정에 있어서 철도 동력의 〈디젤〉화와 침목의 〈PC〉(Pre~Stressed Concrete, 콘크리트 침목)화 등은 한국철도의 현대화 촉진에 불가결한 요건이다.

뿐만 아니라, 국산 객차와 화차의 신조, 개조, 재생과 또 한편으로는 관광사업의 진흥을 통한 외화의 획득 등이 부문을 보건대 크나큰 발전이 눈에 띄기는 하지만, 보다 이 부문에 있어 괄목할 사실은 국가경제의 동맥인 산업철도의 건설이라 할 것이다.

그간 산업선의 건설 상황을 보면, 동해북부선 32.9KM, 황지본선 8.5KM, 동 지선 9.0KM의 개통을 보게 되었고, 정선선 42KM와 경북선 58.16KM는 이미 착공되어 연차적으로 개통을 추진하고 있는데, 이것은 2개년의 시일로서는 경이적인 실적인 것이다.

그 다음은 국가경제의 신경이라 할 수 있는 체신부문이다.

혁명 전후를 비교해서 각종 우체국을 보면 699개소에서 983개소로, 우편함이 5,152개에서 7,868개로, 집배용 자전거가 1,814대에서 2,849대로, 각종 전화가 110,761회선에서 168,922호선으로, 공중전화가 627대에서 1,186대로 각각 증가하였을 뿐만 아니라, 각종 우편저축금은, 보통저축금이 244%, 아동저축금이 320%, 정액저축금이 265%, 조합저축금이 886%, 대체저축금이 331%와 같이 놀라운 진전을 보여 주었는데, 이것은 자유경제 재건에 큰 공헌이 되었다.

3. 적극 외교에 나서다

혁명정부는 내정의 쇄신 강화에 정력적인 일방, 눈을 밖으로 돌려 적극적인 외교에 나섰다.

지금까지 고식적(姑息的: 근본적 대책 없이 임시변통으로 하는 것)이던 관념을 타파하고 대담하게 문호를 개방하였다고도 할 수 있다.

대미 외교를 주로 하기는 하되, 중립국권에 이르기까지 우리는 골고루 찾아갔고, 또 맞아들였던 것이다.

이것은 결과적으로 한국 외교상에 신전기(新轉機)를 가져왔다고 자부하는 것이다.

혁명정부는 외교의 목표로서 다음 각 사항을 지향하였다. 즉,

① 혁명에 대한 국제적 이해와 지지의 획득
② 자유우방과의 유대 강화와 국교 확대
③ 국련(國聯: 국제연합 UN) 및 국제기구와의 협력 증진
④ 대외 경제협력의 강화
⑤ 한일간 현안 문제의 해결
⑥ 해외교포의 지위 향상과 그 지도, 보호
⑦ 한국의 문화예술의 선전 소개 및 공보활동의 강화 등이 그것이다.

이와 같은 적극 외교는 마침내 상당한 국제적인 소득을 가져 왔다. 즉, 혁명 전에는 불과 23개국밖에 수교 못한 것을 일약 76개국으로, 그리고 48개국 해외공관을 증설하였으며, 76개국에 친선사절을,

12개에 달하는 국제기구 가입과 36개의 조약체결, 그밖에 수많은 국제회의 참석과, 한일간의 국교교섭의 진전은 혁명외교의 큰 업적이라 해도, 조금도 자찬에 치우치는 말은 아니다.

특히, 지난 제17차 국련총회에서 한국문제 토의에 한국대표단만을 초청하자는 미국 안을 65 대 9, 기권 26표로 가결하였다는 것은 혁명외교의 크나큰 자랑이라 아니할 수 없는 것이니, 이는 전년보다 10표가 지지표로 증가한 것이다.

그리고 통한(統韓) 결의안에 있어서도 반대한 것은 공산〈블럭〉뿐이었다는 사실은 단순한 결과가 아니다.

또한 여기에 외자도입을 위한 경제 외교도 강력히 추진되었다. 서독, 이태리(伊太利: 이탈리아), 〈캐나다〉, 불란서(佛蘭西: 프랑스) 등에 대한 차관교섭사절의 파견, 한독 투자보장교섭, 한미상공협회 설립, 구주(歐洲) 기술원조, 호주 기술원조 및 국련 특별기금 등의 도입, 〈콜롬보〉회의(계획) 가입, 〈ECAFE〉〈OEEC〉〈GATT〉 등 국제 경제기구를 통한 경제협력, 동남아, 구주, 인니(印尼), 아주(阿洲), 북미, 〈캐나다〉, 중남미 등 각 지역에의 통상사절 파견 등이 그것이다.

이것은 혁명정부의 정치 외교와 더불어 빼놓을 수 없는 경제 외교의 공이라 할 것이다.

4. 문화 · 예술 · 교육

　민족문화의 창달과 국민교육의 진흥은 이 나라 이 사회의 오늘과 내일을 결정하는 중요한 관건이다.
　이의 건전한 발전 없이 민족의 역사가 온전할 리 없다.
　이것은 역사가 이미 증명한 사실이다.
　본인은 이 엄숙한 명제를 항시 유념하여 왔다.
　사실, 이 부문은 정치에 앞장서서 그를 인도하고 새로운 생명력을 창조했어야만 할 것이었다.
　그러나 구정권시에는 언제나 정치 밑에 이용을 당하지 않으면 안 되었고, 또 그 밑에 깔려 불건전한 발육 상태에 있었다. 그러니 국가나 민족 사회의 방향이 바로잡힐 리 있겠는가.
　본인은 이에 감(鑑)하여 항시-지금도 그렇지만-각별한 관심을 기울이고서 기회 있을 때마다 사계(斯界: 이 계통)에 종사하는 인사의 고견을 경청하였고, 그 의견을 존중하고 실천하였다.
　이것을 혹자는 〈교수(敎授) 정치〉, 〈문화 예술인 정치〉라 하였지만, 원래 현대 문명국가의 정치적 본질이란 이것을 요체로 삼고 있는 것이 상식이다.

　혁명정부는 우선 예술 부문에 있어 중앙집권제도를 지양하고 침체 일로를 걷고 있는 지방 문화와 향토 예술의 육성에 키(타(舵): 배의 방향을 조종하는 장치)을 돌렸다.
　영남예술제, 신라문화제, 춘향제를 비롯하여 각 지방의 대소 문화 예술제에 최대의 보조를 영달(令達: 명령을 전달함)하였다.

혁명 2년간에 이미 그 문화행사는 예산상 확보된 보조금으로 기틀이 잡히고 있어, 앞으로 지방의 예술문화의 향상이 크게 기대되는 바이다.

여기서 본인이 천명하고자 하는 것은 문화예술의 육성은 어디까지나 사계에 종사하는 인사의 역량에 달려 있다는 사실이다. 더러는 관의 주동화가 없었던 것은 아니나, 앞으로는 자체의 능동적인 활동이 있어야 할 것은 물론, 과거에 흔하던 행사 뒷공론이 있어서는 안 되리라고 보는 바이다.

정부가, 국민이 피 같은 세금으로 치루어 주는 막대한 보조금을 낭비한다면 이것은 국민을 배반하는 일이 되고, 후세 문화로부터 비웃음을 당할 일이기 때문이다.

이와 더불어 본인은, 또한 행정관리에 대하여 문화예술에 대한 이해와 교양을 높일 것을 당부하는 것이다.

행정관리가 행정 하나에만 능숙하면 족하다는 시대는 이미 지나갔다.

문화나 예술의 이해 없이 온전한 행정을 기대할 수 없다. 또한 예술이나 문화가 없는 행정은 결국 무자비할 수밖에 없지 않은가.

본인은 여기서 예술론을 강의하려는 것은 아니다. 다만 여유 있고 정서 있는 자세로 행정을 집행하고 국민을 대하여야 한다는 것과, 예술과 문화 창달에 적극적인 협조를 강조하는 데 불과하다.

행정과 예술은 참으로 가까운 동기(同氣: 형제 자매)다.

그 집행하는, 작업하는, 동기가 〈선(善)〉이어야 하고, 그 과정이 창의와 창작으로 〈진(眞)〉이어야 하며, 그 결과가 부정(不淨) 아닌, 쾌한

(快한: 유쾌하고 상쾌한) 〈미(美)〉라야 하는 동일성의 윤리를 갖고 있기 때문이다.

정치는 부패하였더라도 그들 전문가에게 맡겨야 하고, 문화예술가는 그 깊고 높은 상아탑 속에서 평생을 두문불출하여야 한다는 설은 이미 부정된 지 오래다.

이제 혁명된 이 국가 사회에는 낮은 담도 양자 사이에는 존재할 수 없는 것이다.

본인은 또한 난립되고 비정상적인 언론문제에 대하여 심심한 주의를 기울였다.

진정한 언론을 가장하고 악을 조장하며 망동을 서슴지 않는 사이비 언론에 대하여, 구정권은 과연 어떠한 조치를 취하였던가.

민주주의에 있어 언론출판의 자유원칙을 대의명분으로 내세워 오히려 이의 난립상만 조장하였던 것이다. 이럴 수밖에 없었던 그 뒤에 숨은 까닭은 너무도 빤(뻔)하다.

자신의 부패나 약점이 폭로될까 두려웠기 때문이다.

이것은 그만큼 구정권이 무력하였다는 증거도 된다.

이리하여 언론계는 난맥상을 이루었다. 판자(板子)집에도 주간사(週刊社)의 간판이 나붙고, 오두막집에도 당당히 일간통신사의 간판이 행세하였다.

혁명정부는 여기에 대하여 단호한 조치를 취하였다. 수천 수백의 사이비 언론의 정리가 그것이다.

일간지 38개사, 일간통신이 7개사로, 그리고 주간 월간물은 각각

32종, 173종으로 줄어들었고 일요지 1사가 새로 나오게 되고, 기타 기관지 도합 82종이 존치판정을 받았다.

또한 정부는 부패한 언론인에 대한 자가(自家) 정리도 촉구하였다. 구정권의 구악에 적극 가담하고 언론의 위력을 빌려 축재한 자, 병역을 기피한 자 등이 그 대상이 되었다.

언론계 특히 일간 신문사의 정비에 있어서는 운영난인 것과 시설 기준 미달에 있는 대상을 주로 하였다.

그로 인한 연쇄적인 구악이 되풀이됨을 방지하는데 불가결한 요건이기 때문이다.

만약 이상과 같은 과감한 정비가 있지 않았다면 지금 이 시간까지에 조성하였을 그 피해는 얼마나 될 것인가?

언론의 간섭이니, 사기업에의 부당 압력이니 하고 불평하던 분자에 되묻고 싶은 것이다.

본인은 언제나 명확한 답을 가지고 있다. 즉,

〈혁명정부는 언론정책에 결코 어려움을 주지 않았다〉는 것이다.

사이비 언론에 자유를 줌으로써, 직접 간접적으로 정도를 지향하는 언론계에 누를 끼친 구정권 시대의 자유를, 언론인은 결코 원하지 않았을 것이 아닌가. 정부는 이같이 언론의 권위를 회복하고 언론의 위기를 구출하였다고 믿는 바이다.

농어촌에 대한 문화 혜택을 위하여 정부는 최대의 힘을 기울였다. 전국 농어촌에 1,068개에 달하는 민간〈앰프〉시설을 도왔고 또한 〈

라디오 보내기〉운동을 전개하여 농어촌에 각각 5,500대, 7,965대를 보냈고, 방송시설에 있어서는 동양 굴지의 대송신소인 〈남양(南陽)〉의 500KW 신설, 현대문명의 상징인 TV방송국의 개국 등은 혁명정부의 문화시책에 있어서의 빛나는 실적이라 아니할 수 없다.

교육부문에 있어서는 의무교육 시설의 확장, 5개년 계획의 제1차 연도 목표인 4,900 교실의 신축과, 1,705 교실의 수리 등이 90%의 진척을 보였고, 대학 구실을 못하는 23개 대학을 정비하였으며, 말썽 많은 사친회(師親會: 교사와 학부형 모임)의 폐지, 양단 치맛자락의 학교출입 제한, 부독본(副讀本: 학습용 부교재) 기타 참고서의 취급 금지, 부정 정실입학의 단속, 교육공무원의 인사교류, 법정수당의 지급 등은 물론 입시제도의 개혁과 학기제의 현실화, 학사고시제의 실시를 통하여 대학실력의 충실을 기하였고, 교육과정의 개편 등에 이르기까지 철저한 쇄신을 가하였다.

그러나 아직 실업교육의 강화나 체육의 진흥, 학교교육 행정의 자치제 등은 연구 중에 있어, 불원한 장래에 하나의 합리적인 결말이 나게 될 것으로 보고 있다.

5. 재건국민운동

이 국민운동은 5·16혁명의 이념을 국민혁명으로 결실 구현 시키는 동시 인간개조와 국민정신 진작을 하기 위한 순수한 기관이다.

일체의 정치와 상관없이 오직 국민운동만을 전개함을 생명으로 하고 있는 것이다. 그러기에 이 운동에 관한 법률에서도,

〈…복지국가를 이룩하기 위하여 전국민이 민주주의 이념 아래 협동 단결하고 자립 자조정신으로 향토를 개발하며 새로운 생활체제를 확립하는 운동…〉으로 규정되고 있는 것이다.

따라서 전국민의 자율적안 참여와 창의적인 참획(參劃: 계획에 참여함)이 요청되는 것이다.

그런 까닭으로 재건국민운동본부와 각 지부는 민족 역량의 배양과 국민 단합을 통하여 한민족의 비약을 위한 〈뜀틀〉 구실이 되는 기관이라고도 할 수 있다.

그간 여기에는 각계 각층을 대표하는 50만명의 요원을 확보하였고, 여기에 가입된 회원수는 청년회, 부녀회 등 합하여 360만명을 돌파하였고, 그 조직은 166,877개의 재건 방(坊: 거처 혹은 집)과 12,982개의 집단 촉진회, 그리고 14,368개의 재건 학생회를 옹(擁: 끌어안다, 끼다)하고 있다.

그리고 이 운동의 완벽한 성과를 목적으로 하여 1961년과 동 62년 양 연도에 걸쳐 재건국민훈련소와 재건국민교육원은 연 6,110,792명을 교육 훈련하였다.

재건 요원들의 활동은 참으로 눈부신바 있었다.

1962년 말까지에 627,463명에 달하는 문맹을 퇴치하고, 국민정신의 함양과 국기존엄 사상의 앙양, 방공 방첩운동, 국민 개창(皆唱: 다같이 노래하기)운동, 도의 앙양운동, 직장문화서클 운동, 산림녹화운동, 미신 타파운동, 허례허식 일소운동, 국민체위 향상운동, 사회개조운동, 농촌 개발운동(저수지 축조, 제방, 농로 개설, 농가개량, 청년회관 건립 기타) 등에 이르기까지 실로 그 업적은 여기서 일일이 열거할 수 없을 만큼 다대(多大: 많고 큼)하다.

여기서 일례로, 이들이 이룩하여 놓은 농촌 발전을 위한 운동의 실적을 들어보기로 하자. (1963년 3월말 현재)

① 농지개간	17,138,314	평
② 농로	49,996,182	M
③ 조림	155,210,955	주
④ 수로	2,448,079	M
⑤ 제방	762,671	M
⑥ 양어장	644,823	평
⑦ 저수지	481,070	평
⑧ 청년(부녀)회관	5,183	동

그리고 이외에도 의식주 등의 생활개선과 표준의례, 문고보급 등의 생활지도 사업과 자매부락 결연운동, 사랑의 금고운동, 기아해방운동, 재해대책운동, 〈펜팰〉(Pan Pal, 편지로 사귀기)운동, 학생봉사

운동, 반공기념비 운동 등의 〈국민 협동사업〉, 그리고 식생활개선센터, 의생활개선 순회계몽, 생활합리화와 가족계획운동, 절미와 증산운동, 부녀사업과 농가부업의 지도이론, 공보사업 등을 통하여, 이 국민운동이 궁극적으로 목표하는 인간의 개조와 사회개혁, 농촌부흥 등, 그야말로 민족혁명에 중추적 선봉역할을 다한 것으로 본인은 만족하고 있다. 또 장래에 기대하는바 실로 다대하다.

그러한 의미에서 본인은 국민제위 앞에 다시, 다음 실적 일부를 소개함으로써, 각별한 협조를 구하고 아울러 이 운동에 종사하는 요원제위의 노고에 감사의 뜻을 표하려 한다.

① 우물개선　　　　　　　209,595 개소
② 화장실 개량　　　　　1,465,848 개소
③ 울타리, 담개량　　　　6,537,463 M
　　　　　　　　　　　　　(106,033 개소)
④ 아궁이 개량　　　　　2,943,627 개소
⑤ 절미(節米: 쌀을 아낌)　1,402,563 승(升: 되)
⑥ 식생활 개선 강습회　　　　6,928 회
⑦ 의생활 개선 강습회　　　　5,704 회
⑧ 휴지, 폐품 수　　　　　　228,100 관
⑨ 자매 부락

　가. 결연 조수 1961년　　　2,710 조
　　　　　　　　1962년　　　4,532 조

계 7,242 조

나. 지원물자내역(원 환산)

가축	19,224,960 원
문화시설	11,534,680 원
기구	8,557,731 원
제물자	3,640,631 원
건설사업	7,671,325 원
의료사업	1,760,830 원
기타	10,138,285 원
계	62,528,342원

제3장

혁명의 중간 결산

1. 혁명과 나
2. 자아비판과 반성
3. 나의 심경
4. 혁명은 꼭 성취되어야 한다

제3장

혁명의 중간 결산

    본인은 이상 제2장까지에 혁명 전후의 제상황을 설명하였다. 물론, 이것은 구정권의 비정(秕政: 나라를 그르치는 정치)을 새삼 들추거나 혁명정부의 실적을 과시하려는 뜻은 아니었고, 다만 국가 민족의 내일을 염려하는 우국동포 제위의 참고에 기(寄: 도움)하고자, 사실을 사실대로 기술한 데 불과한 것이었다.

    이제 본인은 혁명정부의 지난날을 돌아다보고, 그 장래를 내다보는 하나의 결산의 필요를 느낀다.
    그것은 곧 혁명정부의 자가비평과 더불어 자체정비 강화, 그리고 앞날에의 방향을 결정하는 뜻이 될 수 있고, 나아가 국민의 보다 많은 이해와 적극적인 협조를 구하는 데 의의가 크기 때문이다.

1. 혁명과 나

경제개발 5개년 계획을 중심으로 한 경제부문의 괄목할 성장 발전이나, 정치, 문화, 사회 등 각 분야에 새 출발을 위한 질서확립은 혁명정부의 크나큰 업적이라 믿고 있다.

그러나 이를 감당하여 오는 동안에는 이루 헤아릴 수 없는 애로와 제약을 받은 것도 사실이다.

이 가운에서도 정부로 하여금 가장 큰 고난에 몰리게 한 것은, 나날이 혹심(酷甚: 매우 심함)의 극을 달리는 민생고 해결의 방도였다.

이것은 1분, 1초의 여유를 주지 않았다.

정치란, 결국 이것이 실패하면 볼장을 다 보는 것이 아닌가.

그러나, 이것은 과감하고도 적절한 정부의 노력에 의하여 극적으로 극복되었다.

이것은 곧, 혁명정부의 경제시책이 다시 없이 성공하였음을 뜻하는 산 증거이기도 할 것이다.

그와 같이 우리의 혁명은 일찌기(현 표준어 일찍이) 세계 혁명사상 유례를 찾을 수 없는, 〈일면(一面) 청소〉〈일면(一面) 건설〉이었으니 우리 앞에 얼마나 많은 애로와 난관이 있었던 것인가. 이것은 오직 후세 사가(史家)만이 알 수 있는 일일 것이다.

본인은 혁명 2년을 주로 경제 시책에 주력하였다.

구정권으로부터 물려받은 경제 중환자를 치료하여 건강하게 하는 데는 부족한 것이 너무도 많았다.

우선 의학의 기술도 환경도 말이 아니었다.

우리는 고도의 의술을 발휘하였고 피나는 노력도 아낌없이 지불하였으나, 무엇보다도 애로는 2년간이라는 제한된 기간 때문에 상당히 초조를 아니 느낄 수가 없었다.

그러나 결론적으로 말해서 이만큼이나 건전한 경제로 회복된 것은, 기적에 가까운 일이라 할 수 있다. 건전한 경제가 바탕 없이 이루어질 리 없다는 것은 상식이다.

우리가 입으로 쉽게 외자도입 하지만, 이것도 그러한 바탕 없이는 한갓 공염불에 그치고 마는 것이다.

우리는 그 바탕을 만드는 데 총력을 모았다.

혁명을 두 번이나 겪어야 할 만큼 이즈러진(현 표준어 이지러진) 사회, 국가의 실정인 데다가 미증유의 한발과 풍수해마저 겹친, 이 지역에 그러한 터전을 마련하기란 초인적인 노력 없이는 불가능한 것이다.

본인은, 이러한 관점에서, 이 앞으로도 정력적인 시책으로 이 방면에 관심을 쏟을 것을 스스로 명심하려는 것이다.

기실, 경제개발 5개년 계획이란 것도 궁극적으로 잘라 말한다면, 이 앞으로 부흥될 경제를 위한, 그 기초 사업에 불과한 것이라 할 수 있는 것이다.

경제개발 5개년 계획은 전술한 대로 매우 고무적인 성과를 거두었으나, 그렇다고 전적으로 만족하는 것은 아니다.

더구나, 경제문제에 대하여 전문가가 아닌 본인으로서는, 본인 스스로 자기비판을 하지 않을 없다.

계획실천에 대한 과열과 목표달성에 대한 급박감, 그리고 충분한 검토 없이 강행하게 하였다는 점 등은 이 계획을 성취하는 데 장점도 되었지만, 더러는 차질을 초래한 바도 있다는 것을 솔직히 시인하지 않을 수 없다.

본인은 이 사실에 대하여 심심(甚深: 깊고 간절함)한 책임을 통감한다.

동시에 국민제위에게 강조하고자 하는 것은, 이와 같은 중차대한 계획의 수행에는 정부에만 맡겨서도 안 되며, 여야 할 것 없이 하나의 이념으로서 건설적인 비판과 협조가 있어야 하겠다는 것이다.

왜냐하면, 이 5개년 계획의 완수야말로 우리의 자주독립과 자주경제를 확립할 수 있는 기초가 되기 때문이다.

2. 자아비판과 반성

경제개발 5개년 계획의 수행에 얼마간의 무리가 있었다는 데서 자아비판을 한바 있으나, 이외에도 상당한 반성자료가 또한 있음을 숨기지 않겠다.

사실, 통틀어 말하자면, 이번 혁명은 초창기 과정에는 성공하였다 하겠으나, 그 후반기에 들어서는 뜻하지 않았던 제반 정치적 사태로 말미암아 일대 난관에 봉착한 것이 사실이다.

그것은 1963년 연초를 기하여 허용된 구정객의 정치활동에서 그 원인이 비롯된 것이다. 정치활동을 허용한 목적으로서,

첫째, 혁명의 궁극적인 목적이 건전한 민주사회의 건설에 있었기 때문이고,

둘째, 정정법(政淨法: 혁명 이듬해 나온 정치활동정화법)이 적용되고 있던 1년 7개월간에 구정객의 충분한 반성을 기대한 것과, 또한 혁명과업 수행에 협조를 구하고, 나아가 민족 총단합을 기하려는 데 있었다는 것을 들 수 있다.

그러나 혁명정부의 기대는 완전히 수포화 되고 말았다.

그 이후의 국내사태가 어떻게 진전되었는가는 여기서 구구히 설명할 겨를이 없다.

왜냐하면 그동안의 지면(紙面: 글이 실린 면, 보통 신문보도를 일컬음)이 이를 증거 보존하고 있기 때문이다.

또한 혁명과업에 차질을 초래한 원인으로서, 1961년과 1962년에 연습(連襲: 연이어 닥침)한 한발, 풍수해로 인하여 극심한 식량위기를

조성하였다는 것도 빼놓을 수 없는 일들이다.

이상의 외부조건과 함께 혁명정부 자체 내의 실수 또한, 큰 원인이 되었다.

첫째, 화폐개혁에 실패하고 만 것이다.

당초 정부는, 막대한 퇴장자금을 국가산업 건설에 동원할 수 있게 될 것을 기대하고, 단행한 것이며, 또한 그와 함께 통화의 구조를 재조정함을 주안점으로 삼았던 것인데, 그 결과는 허사로 돌아가고 만 것이었다.

오히려 통화가치만 저락(低落: 값이 떨어짐)하는 요인이 되었고, 금융경제에 타격을 준 것이 되었다. 실패치고는 너무나 무자비한 것이었다. 정부는 이를 회복하기 위하여 정력을 다하였으나, 그 여파는 상금(尙今: 지금까지)도 존재하고 있는 것이 사실이다.

또한 농어촌의 고리채 정리에 있어, 이를 메우기 위한 농자금의 방출까지는 좋았으나 이를 회수하는데 강권(强權: 강한 권력)을 썼다는 것은 큰 잘못이었다.

이것은, 그 같은 장거(壯擧: 큰 계획, 혹은 거사)를, 조그만 농자금 회수책 하나와 상쇄한 결과를 가져온 것이나 다름없는 실책이었다.

이 결과는 또한 곡가와 축산물, 그리고 전답가(田畓價: 논밭의 가격)에 심대한 영향을 주게 되어 농어민들을 크게 자극하게 되었다는 것도 알고 있다.

식량문제는 그것이 비록 천재(天災)에서 온 불가항력적 사태라고 하겠지만, 행정면에서의 계수파악 등의 착오와 정책면에서의 초기대책의 소홀에서 온 것 등도 부인할 수 없다.

기타, 속칭 〈4대 의혹사건〉(군사정권 때 4가지 부정부패 사건: 증권파동, 워커힐사건, 파칭코사건, 새나라자동차사건을 가리킴)이나 혁명 주체세력 중 일부의 〈반혁명사건〉(5·16 군사정변 이후 박정희 정권이 반대세력을 제거하기 위해 발표한 역쿠데타 음모) 등에 대하여는 재판의 결과에 앞서서 국정을 맡은 책임자로서 심심한 유감을 표명하는 바이다.

국민제위 앞에 본인은 이상의 실수를 자인하였다.
그외에도 국민 가운데는 구악(舊惡) 아닌 신악(新惡)이 되살아나고 있다고 말한다.
그러나 혁명은 결코 후퇴할 수도 없고, 변질될 수도 없는 것이다.
왜냐하면 우리들 스스로가 이 혁명을 부정할 수 없기 때문이다.

3. 나의 심경

1963년 8월.

국민들 사이에는 금후 정국에 대한 본인의 진퇴문제를 두고 상당한 관심이 제고되고 있음을 본인은 잘 알고 있다.

이러한 관심은 지극히 당연한 일이요, 본인 또한 국가와 국민과 본인 자신에 관한 문제가 되겠으므로 차제에 솔직한 심경을 천명하여 둘 필요가 있다.

1) 지위를 바라지 않는다

혁명의 책임자인 본인은 차기선거에 참여할 것인가.

이 점에 대하여는 현재 이 시간에 있어서도 과거와 마찬가지로 부정적인 것이 솔직한 심경이다.

장래 일은 잠시 두고라도, 본인은 혁명을 구상하던 당초부터 제3공화국의 책임은 고사하고 혁명정부 자체의 책임자가 되는 것조차, 원한 바가 없었다.

그러기에 혁명 성취 후, 일시이기는 하였지만, 이 정부의 책임자로선 본인보다 서열이 높은 선배를 옹립하였으며, 원수직인 대통령직도 전임자로 하여금 유임하여 줄 것을 간청하였다.

당시, 서열에서 본 본인의 위치는 제3석에 불과하였다.

어디까지나 제2선에서 견마지역(犬馬之役: 개나 말 정도의 하찮은 힘)을 다하기만 희망하였다.

그러나 예기치 않았던 사태가 속출하였다. 이것은 참으로 본인으로 보아서는 난처한 일들이었다.

혁명정부 자체 내에서 재혁명이란 비상사태가 돌발하였고, 현직으로 유임하던 대통령이 그 자리를 떠나겠다는 것이다.

본인은, 여상(如上: 위와 같은) 사태에서 부득이 현직의 대권을 맡지 않을 수 없게 된 것이다.

일이 그렇게 진전된 이상 군정 기간이나마 구태여 책임을 고사할 형편이 아닌 것을 알게 되었다. 그것이 당연하다고도 생각하였다.

왜냐하면,

첫째, 이 혁명은 어디까지나 본인의 책임에 달려 있다는 것이고,

둘째는, 서상(敍上: 앞서) 지적한바 혁명 목표와는 다른 방향으로 변전(變轉)되어 가는 사태가 본인으로 하여금 최고책임자로 앉게 하였던 것이다.

이리하여 본인은 1961년 7월 3일자로 의장에 취임하고, 1962년 3월 24일자로 대통령 권한대행에 취임한 이후 줄곧 현직에 있어 왔다.

이렇게 볼 때, 본인이 정부 최고책임자로서 있는 동안은, 극히 그 일부분을 제외하고는 대체적으로 목표하던 과업이 순조롭게 진전되어 왔다고 볼 수 있다.

지금 이 시각에도 본인은, 정치활동의 허용에서 온 치명적인 혼란이나, 몇 가지 장해가 없었더라면 국가 재건의 성과는 훨씬 비약적인 양상으로 결과가 나타났을 것을 확신한다.

2) 2·27 선서와 나

혁명 당초 국내외적으로 공표한 혁명공약 중, 제6항에서 본인은 〈이와 같은 과업이 성취되면 양심적인 정치인에게 언제든지 정권을 이양하고〉 〈군 본연의 임무에 복귀〉 한다고 하였다.

지금도 이 공약은 살아있다. 살아있기 때문에 촌호(寸毫: 극히 조금)도 어길 수 없는 것이다.

민정이양의 준비는 착착 진행 중에 있을 뿐만 아니라, 그 일자까지 발표하였다.

정치활동을 허용한 것은, 어디까지나 양심적인 정치활동, 건전한 정치인으로 하여금 차기정국을 담당케 하기 위한 준비를 위한 것이었으나, 구태의연한 그들의 재등장을 목도하고서부터는 실로 놀라지 않을 수 없었다.

구악이 되살아난 것이 아니라, 쉬고 있는 사이에 구악이 살찌고, 힘을 길러 나타난 감(感)이었다.

혁명정부는 여기서 크나큰 우려를 표명하지 않을 수 없게 되었다.

따라서 우리의 고민은 전에 없이 커갔다.

- 과연, 이들에게 정권을 맡길 수 있는 일인가.
- 이들은 과연, 혁명을 계승하고 국가와 민족을 행복되게 할 것인가.
- 누구를 위하여, 무엇을 하기 위한 혁명이었던가.
- 역사는 또 다시 후퇴하고야 말 것인가.

본인은 자나 깨나 이러한 의문에 휩싸이고 있었다. 그러면서도 언제나 그들의 일대각성을 기대하기도 하였다.

그러나 우리의 기대는 날이 갈수록 허무만을 낳았다.

공공연히 혁명의 이념을 비난하고, 사사건건 시비의 꼬리를 물고, 진행 중인 과업을 저해하기까지 하였다.

마침내 본인은 일대 단안(斷案: 옳고 그름을 판단함)이 있어야 하겠다고 결심하였다.

그러면서도 다시 한번 그들의 반성을 일방 기대하였다. 그러나 만사휴의(萬事休矣: 더는 손쓸 방법이 없는 상태), 허사였다.

마침내, 본인은 엄숙한 단안을 내렸다.

이것이 바로 〈2·18 성명〉(군의 민정 불참 공식발표)이다.

이 성명에 따라 이를 실천하기를 다짐한 것이 〈2·27 선서〉(민정불참의 전제조건 제시)였다.

그 내용을 여기서 새삼 대략 인용하여 보면,

첫째, 양차의 혁명을 통하여 이룩하려는 제3공화국에서는, 또다시 봉건적인 파쟁과 정쟁은 물론, 동족상잔의 비극이 없게 될 것과,

둘째, 모든 정치인은 주관적인 망집(妄執: 망령된 고집)에서 탈피하고 모든 정력을 국가와 국민과 역사를 위한 대의에 귀납시켜야 하며,

셋째, 그러하기 위하여 정권을 인수하려는 정치인은 5·16 혁명을 계승할 것을 전제로 할 것,

넷째, 모든 정치인은 새로운 인간상을 정치형을 창조하는데 그 선구가 되며,

다섯째, 민족혁명의 결실을 위하여 비단 정치인뿐만 아니라 경제,

문화, 군사분야에 종사하는 국민으로 하여금 자기소임을 다하면서 국민적 집결이란 일대 민족역량을 실현하게 할 것 등이다.

그런데 이러한 선서는 무엇으로 보장될 것인가?

방법은 하나밖에 있지를 않았다. 국민과 역사가 주시하는 공개석상, 이리하여 〈2·27 선서〉는 각계각층의 굳은 결의 아래 거행되었다.

3) 3·16 성명 / 4·8 성명

〈2·27 선서〉를 마치고 돌아서는 본인의 심경은 명경지수(明鏡止水: 헛된 욕심 없이 맑고 깨끗한 마음) 그대로였다.

오직 담담하였을 뿐, 그러면서도 내심은 감격을 억누를 수 없었다.

그리고, 이날 이 시작을 계기로 하여 정계가 진정 신면목(新面目)을 갖추고 나갈 것을 기원하였다.

그러나 그와 같은 본인의 절실한 소원은 다음날에 벌써 어긋나기 시작하였다.

한마디로 말해서 그들은 주는 떡을 받아먹기 위하여, 저렇듯 억지 배우가 되었던 것이다.

완전히 배신을 당한 것이다. 애초, 저들의 생리를 믿었던 우리의 순진성이 여지없이 짓밟히고 만 것이다.

본인은 이 쓰라린 기억을 더 이상 되씹고 싶지 않다.

구태가 가실 줄 기대한 그날 이후, 이들은 본인이 민정에 참정하지 않겠다는 데 더욱 야심을 날려, 구태가 하룻밤 사이에 기하급수적으로 배가하였던 것이다.

배신과 식언을 밥 먹듯 하고도 조금의 가책도 느끼지 않게 된, 구 정치강령으로 자란, 그 생리가 하루 한 시(時)에 고쳐졌을 리 만무하다.

본인은 이 이상, 더 관용이나 이해를 그들에게 베풀 수는 없게 되었다.

진정, 이대로 저들에게 정권을 넘긴다는 것은, 다시 제3차의 혁명의 불씨까지 덤으로 보내는 것과 다름이 없다는 결론이 났다.

그러나, 비극은 이 이상 있어서도 안 된다. 이로 인하여 피해를 입는 것은 수천명에 불과한 구정치인이 아니고, 그들을 제외한 전체 국민이기 때문이다.

〈혁명의 악순환!〉

생각만 하여도 몸서리치는 사상(事象)이 아닌가. 이 땅에 다시는 혁명이 있어서는 안 된다.

그러면 이 혁명도 사전에 막고, 건전한 민정을 탄생케 하는 방법은 무엇인가.

혹자는 부득이 군정을 연장하는 수밖에 다른 길이 없다고도 하였다.

아니, 그것이 대다수의 의견이었던 것으로 기억한다.

그러나 그때마다 본인은 이를 단호히 거부하였다.

이러한 방법의 선택은 확실히 불행하기 때문이다.

그러나, 앞으로 다가 올 국가 민족의 불행은 무엇으로 막겠다는 것이냐.

군정을 연장하고 안 하고는 본인에게 권한이 있는 것이 아니다. 이미 개정 헌법이 국민투표에 의하여 결정되어 있는 이상, 이의 결정 여부는 국민의 생각에 달려있는 것이다.

드디어, 본인은 대다수의 의견을 좇기로 하였다.

아무리 궁리하여도 그 길밖엔 다른 도리가 없었기 때문이다.

그 내용은 곧 〈3·16 성명〉(군정 연장 성명)에 나타난 그대로다.

이것을 공고하기까지의 제반 경위가 정부로 하여금 그렇게 만들었음에도 불구하고, 적반하장 격으로 구정객들은 마치 본인이 정권에 미련이 있는 것처럼 왜곡 선전하기를 주저하지 않았다.

본인은, 여기에서 새삼 후진국의 부패한 정치풍토 위에서 청신한 혁명을 완수하기란 얼마나 힘겨운 것인가를 뼈저리게 느꼈다.

과연, 인간 〈박정희〉에게 그러한 사심이 있었던가.

하여간, 그러한 조치로써 일단 위기는 멈추어졌다.

이리하여 본인은, 다음 조치를 안전판으로 강화하였다.

즉, 군정도 민정도 아닌, 상호가 대등한 입장에서 차기 정권을 선의의 경쟁으로 결정하려는 안이다. 말하자면, 혁명 주체세력이 민간인의 자격으로 제3공화국에 참여한다는 내용이 곧 〈4·8 성명〉이다.

이 성명은 제3공화국의 부패를 감시하고 타락을 방지함으로써 다시는 혁명의 비극이 되풀이되지 않게 하려는, 〈3·16 성명〉에 귀일(歸一: 한 군데로 돌아감)하는 것이 된다.

또 이것이 제3의 배출구이기도 하였다.

4) 국민의 의사에 복종

〈2·27 선서〉대로 나갔더라면 불원한 장래에 당신을 국민은 찾았을 것이요.
〈3·16 성명〉을 왜 밀고 나가지 못하였는가.

본인을 아껴주는 많은 인사들은, 글로, 또는 직접 찾아와서 이와 같이 안타까워하였다.
그러나 그때마다 본인은 묵묵부답이었다.
하나의 명제가 결정되기까지에는, 어디까지나 사태위주이어야 하지, 조금이라도 자신의 인기나 영예가 기준이 될 수는 없는 것이다.
다시 말해서, 이것은 본인 인생관의 일단이기도 한 것이다.
사심(私心)을 떠난 공심(公心)에서 결정된 그 같은 변경은, 따라서 조금도 낯간지러울 것도 없고 호기를 놓쳤다고 후회도 될 수 없다.
구경꾼의 비난이나 화살은 차라리 영광이다. 이것은 곧, 본인은, 그만큼 본인을 잊었고, 민중의 편에 서 있었다는 것을 증좌(證左: 참고가 될 증거)하기 때문이다.
실로 이 시기만큼 중요한 시점이 또 어디에 있을 것인가.

우리는 비난이나 시비가 있기 전에 엄숙한 역사의 표정을 읽어야 하고, 싸우려 하기 전에 무엇을 도와줄 것인가에 머리를 돌리지 않으면 안 된다.
그러하지 못할진대, 우리의 조국이나 역사는 더 이상 우리와 함께 있기를 마다하고 돌아설 것이 아닌가.

본인은 어느 길을 찾던, 조국이 있고 민족이 있는 곳이면 그곳에 만족하겠다.

그곳이 초야든, 군이든, 정계든 무슨 상관이겠는가.

국민제위가 국가재건에 벽돌을 쌓자면 벽돌장이로, 민족의 안주를 위하여 담을 쌓자면 미장이가 되는 것을, 마다 않을 각오이다.

4. 혁명은 성취되어야 한다

1) 혁명의 본질과 반동요소

이번 혁명의 목적은 국가재건과 경제확립에 있었지만 그 본질 면에서 고찰하면, 지극히 부분적인 일부 특권층에 의하여 농락되는 정치나 경제체제를 전 국민의 것으로 회복하고 확보하는데 있었다 할 것이다.

이와 같이 특수층의 손에 놀던 권리와 주도권을 농민, 어민, 노동자, 소시민 사회로 이행하게 하여 서민정치, 서민경제, 서민적 문화를 수립하여 여기에 하근(下根: 일반적으로는 실행근성이 약한, 여기서는 뿌리를 내림)하는 새로운 〈엘리트〉로 하여금 금후의 민족국가를 인도할 수 있도록, 말하자면 시대적 신세력층을 형성하는데 있었다.

이렇게 볼 때, 금반의 혁명은 이념적으로는 서민적 국민혁명이요, 민족적 의식혁명이며, 시대적 교체혁명이라 할 수 있다.

구정객들이 필사적으로 이 혁명에 도전하지 않을 수 없는 이유가 여기에 있다. 바로 그들의 백년 아성이 무너지고, 생명이 다하려 드는데 어찌 그만한 발악조차 없을 수 있겠는가.

그들은 전가보도(傳家寶刀: 집안 대대로 전해지는 보검)처럼 얼핏하면(지금은 걸핏하면이 표준어) 허울 좋은 민주주의를 내세운다.

이것이 그들이 유일무이한 연막전술이다.

그러나, 그러한 〈밤의 세계〉는 가고 있다. 어차피 가고야 마는 것이다.

국민 대중의 시대적 감각의 예민과 정부의 강력한 소각작업으로 하여 이들은 점차 밑천을 드러내고 발악으로 소용돌이치고 있다.

여기에서 본인이 명확하게 못을 박아 두고 싶은 것은, 그들이 즐겨 쓰던 〈민권혁명〉이나 〈자유의 수호〉는 바로 혁명정부가 궁극적으로 어떠한 대가를 지불하는 한이 있더라도 기어이 궤도에 올려놓겠다는 것이다.

그들이 정권을 감당할 때처럼 결코 〈자유〉가 일부 계층의 전유물이 되지 않게 하겠다는 것이다.

민주주의는 언제나 그들의 독점, 전매특허품이 아니다. 그들은 자유를 앗아, 자유를 도산매(都散賣: 도매와 산매)하던 간상(奸商: 간사한 장사치) 모리배(謀利輩: 자신의 이익만 꾀하는 무리)였다.

4·19 혁명 당시 학생들의 구호에 〈기성세대는 물러가라〉 하던 것을 기억하는가.

그것은, 바로 그들의 소행을 극적으로 집약한 표현이다.

이렇게 볼 때, 5·16 혁명이야말로 국권을 농단하려던 부패된 기성층과 이를 밀어내려는 서민적 국민층과의 투쟁에 있어 사회정의를 발동하여 이를 심판하는 제3의 증인이라고도 할 수 있을 것이다.

2) 진정한 국민층을 바탕으로

일찍이 우리는 혁명사에서 4·19 혁명과 같은 결과 없는 유례를 흔히 대할 수 있다.

순전히 민중을 토대로 한, 이 같은 국민적 사회혁명이 그 이념의 정당성에도 불구하고, 실패로 돌아가고 만 것은 현실상으로 〈힘〉이 없었기 때문이었다.

하나의 정권을 타도할 수는 있었으나, 그와 유사한 부패정권의 등장을 막기에는 〈힘〉이 미치지 못한 것이다.

말하자면 기성층의 권·금력에의 숨이 너무 가빴기 때문이다.

또 하나의 이유는, 그와 같은 기성층의 등장을 막고 그와 대체되는 신세력층을 확보하지 못한 데 있다.

한국에 있어 군사혁명이 불가피하였던 이유도 여기에 있다.

따라서 이것은 4·19 혁명의 유언을 실천한 것과 다름없다.

정확히 말하여 5·16 혁명은 구세대와 부패된 기성층에 대하여, 그 세대적 교체를 절망(切望: 간절히 바람)하던 국민혁명의 보증자이다.

고로, 이 이념적인 기저는 자율적인 국민의사에 의하여 민족혁명으로 승화되는 데 있다고 할 것이다.

다시 말하자면, 이 혁명의 특색은 〈기성세력층 대 국민의식+군의 힘〉으로 표현될 수 있다 하겠다.

혁명정부가 재건국민운동을 전개하게 한 것도 결국은 신국민 역량을 배양하려 함에 있었던 것이다.

즉, 국민적 각성을 조직적으로 의식체화 하여, 신국민적 역량을 집약하고 어떠한 외침(外侵) 내환(內患)에도 자위태세를 구축하는 일방, 국민의 체질개선과 세대교체를 통하여 군정이 손을 떼더라도 국민 자체의 힘으로 능히 신국가를 운영하여 나가게 될 것을 바람에서였다.

그러한 뜻에서 이번 혁명의 실패 여부는 실로 천재일우(千載一遇: 천 년에 한 번, 좀처럼 만나기 힘든 기회)의 역사진퇴의 분기점이다.

이 혁명은 〈박정희〉란 개인에게 줄 수 있는 영향은 참으로 미미하기 짝이 없다.

본인은 한강을 건너올 때, 이미 개인적인 생사는 초월하였다. 어디까지나 국가와 민족의 사활이 달려있는 혁명, 그것을 위하여 이것은 성취되지 않으면 안 되는 것이다. 다시는 특수계층에 지배되는 그러한 불행이 우리 사회에 있게 해서는 안 되는 것이다.

정의가 통하고 진실이 호흡되는, 발랄하고도 참신하고 희망과 이상에 충일(充溢: 흘러 넘침)한 동방의 복지국가를 창건하자는 그 일념으로 매진만이 있을 뿐이다.
이에 국민 여러분의 보다 의욕적인, 보다 강력한 협조와 애국적인 지원을 거듭 바라 마지않는 것이다.

제4장

세계사에 부각된 혁명의 각 태상(態像)

1. 혁명에 성공한 각 민족의 재건 유형
2. 중근동(中近東)과 중남미(中南美)의 혁명 사태
3. 혁명의 각 태상을 보고

제4장

세계사에 부각된 혁명의 각 태상(態像)

 본인은 이제 세계사에 비쳐진 여러 혁명을 고찰할 필요를 느끼게 되었다.
 그것을 통하여, 우리의 혁명이 어떤 혁명의 성격을 띠고 있는가를 비교하여 입증할 수 있기 때문이다.

 혁명이란, 그 본질적인 면에서나, 행동 반경상으로 보나, 관용이나 타협이 일체 용납되지 않는 것은, 어디까지나 초비상수단을 그 내용으로 하고 있다는 것이 상식이기는 하지만, 20세기 후반에 있어서는 그것도 많은 변화를 가져온 것도 숨길 수 없는 사상(事象: 사물의 현상)이다.
 하나의 확고한 사상이나, 제도상의 개혁을 목적으로 한 것이 아니고, 단순히 정권의 장악에 혁명의 수단을 차용한 예도 흔하다.
 그러나, 혁명의 요체는 적어도 한 국가나 한 민족(한 집단)이 회천(回天: 하늘을 휘돌림)의 대업을 수행함으로써 명실상부한 복지사회를 이룩함에 있는 것이 아니면 안 된다. 또한 이러한 과업들은 궁극적으로 혁명이란 비상한 격동의 과정을 필요로 하고 왔다는 것이 역사가 증명하고 있는 바이다.
 참으로 위대한 창조는 그와 같은 위대한 진통에서만 가능하였다

할 것이다.

요(要)는, 이 위대한 창조를 위하여 위대한 진통을 감당할 만한 이상과 용기가 있느냐 없느냐가 문제다.

그러한 문제의 열쇠 없이 한 국가, 민족도 위대해진 예가 없었거니와 혁명 또한 온전하게 치러진 경우도 없다.

물론, 한마디로 〈혁명〉이라고 쉽게 불리어지기는 하지만, 그 광의(廣義: 넓은 의미)로운 단어 속에는 이념이나, 목적과 방법, 그리고 그 결과에 있어서는 실로 천태만상이 내포되고 있다.

그 속에는 찬성할 것도 있고, 비난될 것도 있으며, 성공한 것과 실패한 것, 그리고 이것도 저것도 아닌 중성적인 것으로 유산된 것도 있는 것이다.

또 근자에 와서는 이러한 혁명은, 지역적 조건으로, 인종적 운명으로, 공동 생활권, 동일 문화권 그리고 일치하는 종교적인 이유 등으로 인해, 또한 변모되고 발전되어 가고 있는 특징도 있다.

우리는 여기서 우리가 지향하는 혁명의 유형을 이 속에서 비교해 볼 필요가 있고, 한국 혁명의 장점과 단점을 찾아볼 필요가 있다.

그것은 특히 고도화한 국제사회로 나아가지 않으면 안 되는 금일의 사정이 더욱 그러한 것이다.

본인은 이제 세계사를 더듬으며, 각국의 혁명 제양상과 그 단면을 살펴보기로 하였다.

혁명 수행을 자하고(資하고: 도움이 되고) 국민제위의 이해와 협조를 구함에서이다.

1. 혁명에 성공한 각 민족의 재건 유형

혁명이란 비상수단을 거쳐 민족사회의 개혁을 이룩한 유형에는 여러 가지가 있었다.

〈레닌〉의 11월의 혁명을 항목으로 한 세계 도처의 붉은 공산혁명, 〈히틀러〉의 〈나치스〉혁명, 〈무솔리니〉의 〈파시스트〉혁명, 그리고 〈스페인〉의 〈프랑코〉와 같은 백색 혁명(우익 체제수호 혁명)이 있는가 하면, 중국의 손일선(孫逸仙: 손문, 쑨원)혁명이나 일본의 명치유신(明治維新: 메이지 유신), 그리고 토이기(土耳其: 터키, 현 튀르키예)의 〈케말 파샤〉와 같은 순수한 민족재건을 위한 혁명이 있고, 〈아시아〉, 〈아랍〉, 〈아프리카〉 지역에서 간단없이(簡單없이: 끊임없이) 되풀이되고 있는 후진 극복의 자각혁명 등, 이렇듯 혁명은 일괄적으로 한마디로 설명할 수 없이 각양 각태이다.

그러나, 우리가 이상의 혁명에서 한 가지 주의 깊게 살펴보지 않으면 안 될 것은, 전기(前記)의 적색 독재, 백색의 혁명은, 하등 우리와 영원히 상관할 수 없는 것이라는 점이다.

그것은 우리의 사정보다도 인류를 위하여서도 불행한 것으로, 오늘날의 지성이 용납하지 않기 때문이다. 혁명이란 미명을 악용하여 몇몇 실권자의 영화에만 일로(一路)하기 때문이다. 이와는 달리 한 국가, 한 민족 사회의 발전을 위한 혁명으로서 우리는 〈불란서(프랑스)〉의 민권혁명, 중국의 손일선(손문)혁명, 일본의 명치유신, 토이기(터키)의 〈케말 파샤〉혁명, 〈에지프트(이집트)〉의 〈나세르〉혁명, 그리고 산업혁명으로서 영국의 경우는 우리에게 주는 바가 크다 할 것이다.

본인이 관심하여 소론(小論)하려는 것이 바로 이 혁명들이다.

1) 중국의 근대화와 손일선 혁명

5억의 인구와 4백여 주(州)의 천하, 수천 년의 역사, 그리고 고대 문명의 발상국의 하나이기도 한 중국은 전통적인 숭유(崇儒)의 흉가에서 잠만 깊이 들고 있었다.

잠자는 사자로 불리어지기만 하던 중국이 봉건의 묵직한 폐문을 박차고 근대에로 눈을 뜨게 된 것은, 시대적인 사조나 중국인 자체의 진취적인 각성도 없었던 것은 아니나, 보다도, 이를 직접 유발하게 한 것은 열강의 침략이라 할 것이다.

이렇게 볼 때 중국의 근대화는 바로 이 분노의 소산이다.

가. 혁명의 도화선

청조 말기에서 비롯된 중국의 근대화를 촉진한 혁명의 과정을 개별(概瞥: 슬쩍 살핌)하여 보면, 첫째 청조의 쇠퇴와 〈유럽〉 각국의 대륙침략이 그 배경이었다.

여기에 한(漢; 중국)민족의 민족의식이 점차 고조되어 갔다.

〈멸만흥한〉(滅滿興漢: 만주족 청을 무너뜨리고 한족의 나라를 세우자는 구호)은 그를 단적으로 표현한 〈슬로간〉(표어)이기도 하였다.

또한 서양의 민권사상이 보급됨에 따라, 이 두 의식은 다가올 중국의 여명(黎明)을 마련하게 되었다.

이와 같은 시대적인 분위기가 조성되고 있는데도, 외국 자본주의가 침입하여 중국으로 하여금 반(半)식민화되게 하고, 그 결과로서 1840년의 아편전쟁이 발발하여, 마침내 남경조약으로 굴(屈)한 중국은, 홍콩을 영국에, 광동, 복주, 하문, 영파, 상해 등을 부득이 그들이 강제 의사에 따라 개항하지 않을 수 없게 되었다.

굴욕의 연쇄는 여기에 그치지 않았다. 사실은, 이때부터 외세는 본격적으로 중국을 잠식하기 시작한 것이었다.

실로 위기를 넘어, 멸망에 직면한 각박한 순간이었다.

즉, 1856년 광동에서 발생한 〈아로오〉호 사건과 1852년의 선교사 살해사건을 트집 잡아 광동을 점령하고, 다시 일고, 천진, 북경에 진주하여 강제로 구룡반도를 빼앗고, 중장, 등주, 대만, 조주, 그리고 경주 등의 여러 항구를 개항하게 하는 한편 기독교의 포교권도 장악하였다.

본토에서 이 같은 불행이 겹쳐지고 있을 때, 북방에서는 1858년 노국(露國: 러시아)은 아무런 까닭도 없이 애훈조약(璦琿 條約: 아이훈조약, 중국 흑룡강성 아이훈에서 러시아와 청나라가 맺은 조약)을 강요하고 광대한 연해주 일대를 빼앗아 서구 변경에 대한 노국의 동진정책 발판을 만들게 하였는데, 이에 대하여 영국은 다시 1875년 영사관의 한 서기관 살해사건을 구실로 선창, 무호 등의 4개항을 강제 개항케 하는 한편, 안경, 호구 등의 연강(沿江: 강을 따라 펼쳐진 땅) 6항을 기항지로 만들어 양자강의 상권을 농단하였다.

또한 남방으로는 1885년 불란서가 안남(安南: 베트남)의 종주권을 빼앗고, 이러던 중, 종국에는 청일전쟁(1894-1895)에 이르러 외세 앞에 완전히 투구를 벗고 말았다.

청일전쟁에서 패배를 당한 중국의 처지는 참으로 비참, 그것이었다.

이 결과로 대만을 일본에 넘겨주지 않으면 안 되었고, 소위 〈삼국 간섭〉의 흥정에 따라 저들 마음대로 독일에 교주만(膠州灣: 자우저우만, 산둥반도 남쪽 연안만)을, 미국에 위해위(威海衛: 산둥성 웨이하이)를, 불란서에 광주만(廣州灣: 광둥성 서남부 레이저우반도 동안만)을, 그리고 노국에 여순, 대련 등을 99개년의 조차지(租借地: 한 나라가 다른 나라로부터 빌려 통치하는 영토)라는 명목으로 강점 당하였다.

또한 이를 전후해서 주요한 항만, 하천의 항행, 철도 광산의 경영권은 물론, 심지어 관세의 관리, 금융에 이르기까지 외국은행이 지배하는바 되었고, 일증월가(日增月加: 나날이 다달이 불어감)하는 정치, 경제의 압박에 신음한 중국국민의 생활상이란 가히 추측하기에 어렵지 않았다.

피 있는 젊은 청춘이란 이름을 가진 자, 어찌 이것을 보고만 있을까 보냐.

손일선(孫逸仙: 손문)!

그는 마침내 기를 올렸다.

참으로 5천년을 잠자던 사자가 잠에서 깬 것이었다.

나. 혁명사조와 민중의 저항

이같이 외세의 침략과 압박에 대항하여 거사된 이 혁명에는 당초 두 주류가 있었다.

강유위(康有爲)를 중심으로 한 소위, 〈변법자강〉(變法自疆: 법령을 개정하여 국력을 다짐)의 사조, 그리고 손일선의 〈삼민주의〉(三民主義: 만족 민권 민생을 이념으로 한 근대혁명)의 혁명이념이 그것이다.

전자가 그러한 고난을 당하면서도 어쩌지 못한 이유는 청국정부의 전제군주제도에 기인하는 것이므로, 이 정태(政態: 정치상태)를 민주적으로 개혁하여 정부를 보강함으로써 국가의 자주성을 회복하여야 한다는-말하자면 〈청조보강론〉(淸朝補强論)이라 할 수 있는데 대하여 후자인 손일선의 논리는 오직 중국을 구하는 길은 청조를 타도하고 근대적 민주국가로 새 출발하여야 한다는 〈민주국가론〉이었다.

이 양대 혁명이론은 뒤에 강유위의 무술정변(戊戌政變)과 손일선 주도의 신해혁명(辛亥革命)으로 되어갔다.

그러나, 신해혁명이 이룩되기까지에도, 줄기찬 민족의식의 사상적인 발흥이 있었다. 그 경과는 대강 다음과 같다.

첫째로, 청조를 반대하고 명조를 복원하려고 주장하던 〈반청복명주의〉(反淸復明主義만: 만주의 청나라에 반대하고, 한족의 명나라를 부활시키자는 사상 및 운동)의 〈백련교란〉(白蓮敎亂: 사천성 일대 백련교도 주도의 반란사건)이 있었고, 1850년대에 와서는 청조를 타도하여 기독교의 태평천국을 주장하는 〈홍수전(洪秀全)의 난〉과 기독교를 앞장세우며 침략하는 서양인을 배격하는 〈대도회(大刀會)의 난〉과 기독교에 대한 반항과 열강에로 향한 증오로 폭발된 의화단의 〈북청사변(北淸事變)〉, 이 같은 과정에 이어 청조 군주전제를 개혁하려던 무술정변이 그것이다.

처음부터 전제군주제도를 지향하고 민주국가로서 중국을 창건하려는 손일선은, 청일 전쟁이 일어나자, 그의 향리인 광동을 발판으로 하여 일거 광동지방을 점령하는 혁명을 기도하다가 계획 실행 전에 탄로되어 실패하고 말았다. 소위 광동사변이다.

손일선의 최초의 정치운동이자 혁명은 이같이 실패에 돌아가고 말았다.

손일선만이 아니었다. 그같이 줄기차게 일어났던 모든 민중운동이 모조리 실패된 것이다.

쓰디쓴 분주(憤酒: 분노의 술)를 마시며 강유위도, 손일선도 종국은 해외로 망명하지 않으면 안 되었다. 그러나, 그 이후에 계속된 일련의 반항운동으로 신해혁명은 성공하였다.

신해혁명이 이같이 성공한 그 이념의 기저는, 어디까지나 외국의 간섭을 배제하며 민족의 자주성을 확립하는 데는 청조를 타도하고 새로운 민주국가 수립을 그 목표로 하고 있었다는 것과, 한족의 부흥을 위하려는 민족의식, 그리고 봉건체계에서 근대사회화에의 추구에 있었다.

다. 손일선과 삼민주의

광동사변에서 실패한 손일선은, 일본, 〈하와이〉, 영국 등으로 편력하면서 그의 동지를 규합(糾合)하였다. 이것이 신해혁명의 모체가 되었던 〈흥중회(興中會)〉이다. 그러나, 이즈음 해외에서 모색되던 혁명단체는 한두 단체가 아니었다.

먼저 강유위(康有爲)의 입헌군주제도 주창의 〈보황회(保皇會)〉, 황흥(黃興)의 〈화흥회(華興會)〉, 장병린(章炳麟)의 〈광복회(光復會)〉 등으로 혁명 역량은 분열될 대로 되어 있었던 것이다.

1905년 손일선은 동경에서 이념을 같이하는 〈화흥회〉와 〈광복회〉를 통합하여 새로이 〈중국동맹회〉를 조직하였다.

총리에는 손일선이 추대되고 그 막하(幕下)에 황흥, 왕조명, 호한민, 요중개, 장병린, 양계초 등 천하의 열혈한과 지장(智將)들이 모였다. 이들은 미구(未久: 오래지 아니함)에 밝아 올 신해혁명을 향하여 전진을 계속하였다.

1911년 10월 10일

무창사건(武昌事件)을 계기로 혁명에 성공한 혁명군은 정부군과의 협상에서 남경정부(南京政府)를 수립하였다.

익년(翌年: 다음해) 1월 1일, 손일선이 대통령에 취임함으로써 오늘의 중화민국은 건국되었다.

270년의 군주국이던 청조는 이로써 물러가고, 5천년 이래 최초의 공화체제가 나타난 것이다.

〈중국의 국부 손일선!〉

분명히 중국 대륙에 새 태양이 솟은 것이다.

여기서, 우리는 그의 혁명이념의 기저가 된 〈6대 강령〉과 〈삼민주의〉를 개관하여 보자.

6대 강령

① 열악정부의 타도
② 공화체제의 건국
③ 진정한 세계평화의 유지
④ 토지의 공유
⑤ 중·일의 국민적 연합
⑥ 세계열강에 대한, 중국 혁신사업의 이해 촉구

삼민주의

① 민족주의

　이것은 종성(種性: 종족의 바탕)에서 발출되는 자연의 원리라 할 수 있다.

　마치 이는, 길 가다가 만난 타인을 자기 부모로 생각할 수 없는 것과 같은, 인정적인 이치로 설명되고 있다.

② 민권주의

　인간은 누구나 자치의 권리가 있다.

③ 민생주의

　이것은 경제주의다. 민족혁명과 정치혁명을 하였다고 해서, 만족할 수는 없다. 가령 이 혁명들이 사회혁명을 더불지 않는다면 그, 결과는 어떻게 될 것인가.

　소수 자본가에 의하여 대다수 국민들이 희생될 것이고, 나아가 제2의 혁명을 불러들이는 요소가 된다.

　그러기 때문에, 이에 앞선 대책이 불가피하다. 이것이 사회혁명의 필연성이다. 중국에는 현재 자본가가 많지 못하다. 이 사회정세가 열강과 다른 점이다.

그러나, 일단 혁명이 된 이상은, 장차 사정으로 내다보이는 것은, 자본가가 성(盛)하여질 것이고, 따라서 빈부의 차는 일익(日益: 날로 더욱) 현격한 것으로 나타날 것이다.

현재로서 이와 같은 사실이 안전(眼前: 눈 앞)에는 보이지 않을 것이다. 그러나 그렇다고 이를 그대로 대책 없이 놓아둔다는 것도 지극히 위험한 일이다.

이 점에서 하나의 예비책을 강구하여야 한다.

즉, 지가(地價)를 정하여 두는 방법이 그것이다.

예를 들면, 현재 2천원하는 지가는 그것을 그대로 2천원으로 정한다. 이것을 표준으로 과세하는 한편, 장차 상승하는 차이를 국가에 돌아오게 한다는 것이다. 실가(失價: 값이 떨어져 잃어버린 가치)는 물론 국가가 부담한다. 이렇게 함으로써 지주에 하등 손실이 없고, 그 차리(差利: 차감 이익)는 국가와 사회정책에 충당한다.

이것은 중국과 같이 지가에 좌우되는 국민경제체제에 있어서는 참으로 합리적인 정책이었다.

오권헌법

행정권, 입법권, 사법권, 고선권(考選權: 여럿 가운데 골라 뽑는 권한), 규찰권(糾察權: 질서를 바로 잡고 통제하는 권한)이 헌법에서 규정되어 있다. 이것은 중국에서만 볼 수 있는 특별한 헌법이다. 중국 사정을 말하는 좋은 자료라 할 것이다.

이상과 같이 손일선의 6대 강령, 삼민주의와 오권헌법의 주창은 그것이 중국 전래의 사상에다 서구의 근대정치와 경제사조를 가미한 독특한 혁명이론으로서 우리의 주목을 끌은 바 있다.

그러나 본인은 이상 더 이러한 사상적인 검토를 장황히 여기에 늘어놓을 여유를 가지지 못하는 것을 유감으로 생각한다.

다만, 손일선의 혁명을 훑어본 소감만은 빼놓을 수 없을 것이다.

이 혁명의 배면(背面: 뒷면)에 그 얼마만한 굴욕적인 민족의 수난이 있었으며, 이로 말미암아 국가와 역사가 또한 얼마나 괴로워하였고, 이를 바로 잡으려는 피땀 어린 노력이 얼마나 들었을까 하는 점이다.

이 점에서 이 혁명은 세계 혁명사상 오래도록 빛날 금자탑이라 할 것이다.

2) 명치유신과 일본의 근대화

세계의 작은 섬나라, 일본에는, 그 당시 68개 지방 제후가 분립하여 동족상잔(同族相殘: 같은 겨레끼리 싸워 죽임)의 내란에 어지러워져 있었다.

2천년의 역사라는 이 땅은, 그만큼 장구(長久)히 문을 닫고, 소위 양이쇄국(攘夷鎖國: 외적을 물리치기 위해 나라를 걸어 잠금)을 자랑하며, 그 농성(籠城: 성 문을 닫고 지킴) 속에서 지극히 완미(頑迷: 완고하여 사리에 어두움)한 봉건생활을 영위하여 왔다.

그러나, 이러던 일본이 명치유신이란 혁명과정을 겪고 난 지 10년

내외에는, 일약 극동의 강국으로 등장하지 않았던가. 실로 아시아의 경이요, 기적이 아닐 수 없다.

가. 명치유신의 배경

그러면 그러한 경이와 기적을 낳게 한 그 사적(史的) 배경은 무엇이었던가. 그것은 첫째 봉건 사회가 스스로 붕괴되어 가고 있었고, 그와 때를 같이하여 구주 열국이 개국을 서두르게 하였다는 것이다.

일본은 1147년대의 미나모토 요리토모(源 賴朝: 헤이안시대 무사, 가마쿠라 막부를 개창한 초대 장군)에 의하여 처음으로 장군정부(將軍政府)란 막부정치(幕府政治)가 시작되었다.

이것은 그후 소가(蘇我)씨, 후지하라(藤原)씨, 헤이(平)씨의 권문(權門: 권세 있는 집안)을 거쳐, 1542년에는 도쿠가와 이에야스(德川家康)가 도요토미(豊臣)가(家)로부터 막부의 지배권을 장악하여, 자기 지배 하의 세습적 가신인 제(諸) 다이묘(大名: 지방영주) 176가(家) 외 다이묘 86가를 거느리고 군사독재 체재를 확립하여 일본 전국에 걸쳐 패권을 잡아왔다.

국민제위는 이러한 일본 역사의 기술에 불쾌해 하실 것이지만, 조금만 참아주기 바란다. 이 불쾌를 맛보지 않으면 안 되는 우리의 처지가 더욱 딱하다.

이와 같이 튼튼한 아성이던 덕천(德川: 도쿠가와)정권도 250년을 지나자, 자연히 쇠퇴의 길을 아니 더듬을 수 없게 되었다.

그 원인을 살펴보면,

첫째, 덕천막부는 그 세력이 강대함에도 불구하고 항상 배하(配下: 아래 딸린 사람, 부하) 대명(大名: 다이묘)들의 배반 가능성에 떨고 있었다. 따라서 덕천가는 이것을 견제하기 위하여 갖은 수법을 다 썼다.
즉, 번(藩: 봉건영주국)과 번과의 교섭, 대명의 여행, 혼인, 성(城)과 호(壕: 성둘레 구덩이)의 축조, 제후의 조정과의 접촉 등 광범위에 걸친 금지, 허가 등 간섭주의는, 물론, 재정에까지 압력을 가함으로써, 제후들의 약화를 기도하였는데, 이것이 도화선이 되어 덕천가와 제후 간에 간격을 가져오게 하였다. 이것이 명치유신에 미묘한 작용을 가하였다.

둘째는, 덕천막부의 장구한 평화가 가져온 부작용이다.
무사들은 이로 인하여 수입이 줄고, 그 위에 영주의 감봉에 겹친 사유로 하여 이들의 생활은 어느새 기생층으로 급락하였다.

정인(町人: 상인) 하나 둘쯤 목을 베어도 죄가 될 수 없었던 이들의 지난날의 권세에서 본다면 참으로 상전벽해(桑田碧海: 세상일의 변천이 심함)이다.
이들은 좀 있어 낭인이 되었다.
덕천가에 대한 불평이 없을 수 없다.
이 낭인사회의 불평은 곧 명치유신의 원동력이 되었다.

셋째로는, 덕천막부에서 동물 이하로 천대받던 정인계급에 대한 일이다.

이들은 덕천막부에서는 출세나 영달을 꿈꿀 수 없었기 때문에, 오직 돈을 버는 데만 주력하였으므로 실제 경제적인 실권은 이들 정인계급이 쥐고 있었던 것이다.

이들이 온 경제력을 동원하여 덕천막부를 타도하는데 앞장 섰고 명치유신 세력에 동조하게 된 것은 너무도 당연하다.

넷째, 덕천막부에 의하여 국고조변(國庫調辨: 국고조달)이란 명목으로 착취를 당해오기만 하던 농민들의 민심은 지진, 홍수, 한발 등 계속된 천재지변으로 인해 덕천막부에 크나큰 적의를 품어왔다.

이것이 그 같은 봉건사회를 붕괴시키는데 큰 원동력이 되었다.

또한 우리는 명치유신의 활력이 되었던 구미의 압력을 빼놓을 수 없다.

이러한 개국은 결과적으로 덕천막부의 종언을 고하게 하였고, 일본으로 하여금 근대화하게 한 직접동기가 되었다.

나. 명치유신의 성취경과

이상과 같은 내외 정세를 배경으로 태동한 이 유신은,

첫째, 종전의 천황을 군주로 하고 장군을 통치자로 하던, 이중정치제도를 폐지하고, 천황으로 하여금. 직접 통치자로 한 옛날의 왕도로

복귀하게 하는 〈왕정복고주의〉와,

둘째, 사쿠마 쇼잔(佐久間 象山), 와타나베 카잔(渡邊 華山), 다카노 초에이(高野 長英), 요시다 쇼인(吉田松陰) 등을 중심으로 한 〈개국진취론자〉와, 이에 동조하는 하급 무사급의 〈난학파(蘭學派)〉와 정인계급을 대표하는 상인 등으로 일단을 이룬 〈일본근대화주창파〉와,

셋째, 남구주(南九州)의 사쓰마한(薩摩藩)을 중심으로 한 조슈(長州), 히젠(肥前), 도사(土佐) 등의 〈덕천막부의 불평파〉와,

넷째, 공경(公卿: 귀족출신)의 산조오(三條)실업, 아네가 고오지(姉小路 公知), 도쿠다이지(德大寺), 이와쿠라(岩倉) 등의 〈궁정파(宮廷派)〉와,

그밖에 기도(木戶 孝允), 오오구보(大久保 利通), 사이고(西鄕 隆盛), 다카스기쓰라(柱小五郞) …… 등 열혈청년, 천하의 경륜가들에 의하여 유신의 과업은 진척되어 갔는데, 여기에 크게 도움한, 미쓰이(三井), 고오노이게(鴻池), 이와자키(岩崎), 오노(小野), 시마다(島田) 등 대정인(大町人: 민간재벌)의 공도 특기할 일이다.

이 유신의 결과로서, 우리가 주목할 것은, 여기에 크게 공이 된 사쓰마(薩摩), 조슈(長州), 도사(土佐)의 번주(藩主)들이 정계의 일선에서 물러서고, 정치 실권이 하급무사 출신인 기도(木戶 孝允), 사이고(西鄕 隆盛) 등의 중견급에 장악되었다는 사실이다. 그런 고로 이 명치유신의 특징이자 입헌군주제도의 국가재건과, 일본의 근대화 원인

을 본인은 다음과 같이 요약하고 싶다.

① 명치유신은 그 사상적 기저를 천황 절대제도의 국수주의적인 애국에 두었다.
② 이리하여 이들은 밖에서 밀려오는 외국의 사상을 일본화 하는데 성공하고, 또한 국내적으로 진통을 거듭하는 유신과업에의 외세 침입을 방어할 수 있었다.
③ 번주(藩主)세력을 제거하고 천황과 <에네르기쉬>한(혈기 넘치는) 사회중견층을 직접 연결함으로써 봉건성 탈피와 신진기운을 조성하였다.
④ 유신대업에 앞장섰던 대정인을 정치, 경제의 중심무대에 등장하게 하여 국가자본주의를 육성하고 정치, 경제 양 세력이 천황을 정점으로 귀족을 국가의 원로로 하는 제국주의적 체제를 확립하였다.

이와 같이 이들은, 자신의 확고한 주체성 위에 정치적인 개혁과 경제적인 향상, 사회적인 개혁을 수행해 왔기 때문에, 구미체제에의 편중을 극복할 수도 있었고, 서서히 여유 있는 진행을 보게 된 것이다.
기타, 폐번치현(廢藩置縣: 지방통치의 번을 폐지하고 중앙정부 통제의 부와 현으로 일원화한 행정개혁)이나 무사단의 해체, 토지개혁, 헌법의 공포, 국회의 개원, 통화개혁 등 제 시책은 차항(此項: 이 대목)에서 언급할 것이 아니므로 생략한다.
하여간, 시대나 사람의 사고방식이 그 당시와 지금이 같을 수는 없지만, 일본의 명치혁명인의 경우는 금후 우리의 혁명 수행에 많은 참고가 될 것은, 부정할 수 없을 것이기 때문에, 본인은 이 방면에 앞으로도 관심을 계속하여 나갈 것이다.

3) 〈케말 파샤〉와 토이기(土耳其: 터키)혁명

〈케말 파샤〉! 그는 토이기의 국부다.
우리는 토이기를 머리에 그릴 때, 이 혁명의 영웅을 잊을 수가 없을 것이다.
토이기의 국민혁명을 말하려면, 먼저 제1차 세계대전에서 패배한 이 나라의 참상부터 인용하지 않으면 안 된다.

독일 편이던 토이기는 1918년 10월 30일 연합군에 굴복하였다. 그 2년 후 1920년 8월 10일에는 전문 13편 433조로 된 비참한 강화조약에 조인하지 않으면 안 되었다.

가. 치욕의 문서 〈세에블〉강화조약

이 결과, 토이기는 명목상 혹은 실질적인 식민지는 모조리 빼앗기고, 본토의 태반마저도 위임통치 혹은 〈세력범위〉라는 형식으로 열강에 탈취 당하였다.
즉, 영국은 〈헤자즈〉, 〈아라비아〉, 〈에지프트〉(이집트), 〈수단〉으로부터 토이기의 종주권을 빼앗는 한편, 〈팔레스티나〉, 〈메소포타미아〉, 〈이락〉의 위임통치권을 소유해 갔다.
불란서는 〈튜니스〉(튀니지), 〈모로코〉에 대한 종주권을, 〈시리아〉

와 〈레바논〉을 위임통치로 차지하는 동시에 〈아나트리아〉 남부의 〈아다리아(안탈리아)〉 지방을 세력범위로 점유하였으며, 이태리는 〈트리폴리·키레나이카〉를 정식으로 영유하고, 〈에게〉해의 〈도데카네스〉제도를 강점하였을 뿐만 아니라, 〈아나트리아〉 서남부의 〈아다나〉 지방을 그의 세력 범위로 하였다. 그리고 희랍(希臘: 그리스)은 〈트라키아〉의 대부분과 〈인브로스·데네도스〉 등 에게해 내의 제도를 영취(領取: 자기 것으로 받아들임)한 외에 〈아나트리아〉의 〈스미루나〉 지방의 행정권을 점유하고, 그 위에 〈스미루나〉 내지를 세력범위로 삼았다.

뿐만 아니라, 이러한 제국의 강점 외에도 〈아나트리아〉 동부의 〈예루살렘〉, 〈트레비존〉, 〈반 비트리스〉주는 독립하여 〈아르메니아〉국이 되었고, 〈아나트리아〉 동남부의 〈쿨지스탄〉 지방은 자치권이 부여되어 장차 국제연맹의 상임이사회 결정으로 독립이 승인되게 되어 있었다.

이리하여, 토이기 민족에게 남겨진 영토라고는, 〈유럽〉토이기 본토의 1할 이하와 아시아 토이기 본토의 2분의 1에 불과하게 되었고, 다시 그 위에 수도인 〈이스탄불〉의 실권마저도 연합국에 돌려지고 만 것이다.

토이기는 이 같은 영토의 상실 이외에도 토이기 내의 항만 자유사용권, 흑해 연안항구들의 자유지역권, 항만, 수로, 철도, 도로 등이 연합국에 달려 있었고, 이 이외에도 수송 우선권, 설비 수송법의 개선을 토이기 정부에 요구하는 권리, 모든 통신기관에 대한 관리권, 특히 비행기에 관한 자유 항행권과 무조건 사용권, 비행장 건설 명령

권 …… 등등 일체의 권리가 연합국에 있었고, 토이기는 일방적 의무만을 진 형편에 서 있어야 했다.

군사력의 보유에 있어서는 육군이 700명의 친위병, 포병을 가지지 않은 보병 3만 5000명, 해군은 〈스룹〉함 7척에 수뢰정 6척으로 제한되었다.

이상이, 토이기 패배가 맛보아야 할 치욕의 내용이다.

20세기에 있어서 이 같은 과중하고도 악독한 보복은 토이기를 빼놓고는 상상도 할 수 없는 일이다.

참으로 전쟁 사상 인류사에 다시 없을 항복조건이라 않을 수 없다.

나. 진주군의 폭압과 토이기 민족의 재기

비록 전쟁에는 패하였다 해도, 토이기 국민의 가슴 속에 있는 자부심은 결코 소멸하지 않았다.

이 비운의 이전까지만 해도, 토이기는, 세계 최대 최강의 제국을 자랑하던 〈오토만〉(오스만)제국의 후예였고, 한 민족, 한 국가가 형성된 이래 단 한 번도 타의 정복을 당한 일이 없는, 명예로운 긍지를 지닌 국민이었다.

그럴수록 이 패배는, 그만큼 이 국민에 크나큰 충격이 되었다.

전쟁에 지칠 대로 지친 이들의 표정에는, 이미 과거의 역사나 기력은 읽을 수가 없었다.

거기에다 연합국은 또 한번 강압적인 명령을 내렸다.

〈쯔아〉(러시아 황제)정권을 쓰러뜨린 1917년 11월의 〈소비에트〉 적색정권에 대항하기 위한 군사시설의 설치 강요가 그것이다.

전 국토는 갈기갈기 찢어서 나누어 갖고, 진주한 뒤에는 국민의 재물을 약탈하고, 노예같이 부리는 등, 고난이라기보다, 바로 토이기 국토가, 지상의 지옥으로 화(化)한 느낌이었다.

특히 〈스미루나〉 지구에 진주한 희랍군의 난폭한 행위는, 그동안 겪은 토이기 민족의 수난을 웅변으로 증명하여 줄 뿐만 아니라, 오늘날까지도 〈비극의 표본〉으로 남게 하였다.

1919년 5월 15일 미명의 일이었다.

미영불(미국 영국 불란서)의 연합함대가 호위하는 가운데, 아름다운 꿈의 도시 〈스미루나〉(Smyrna: 현재의 터키 이즈미르)에 진주한 2개 연대와 또 하나의 육전대(陸戰隊: 해병대) 희랍군은, 눈 깜짝 할 사이에 300명의 토이기인을 학살하였고, 이로 인하여 부상당한 민간인이 또한 600명 이상을 헤아렸다.

이 조그마한 도시에, 잔학한 희랍군은, 노유(老幼: 노인와 아이)를 막론하고 토이기 모(帽: 모자)를 쓴 사람이면 닥치는 대로 살해하였고, 토이기의 특유의 〈베일〉을 쓴 부녀자이면 모조리 욕보이고 집이란 집은 예외 없이 불살랐으며, 재물될 만한 것은 남김없이 약탈하여 갔다.

아무리 전쟁에 졌다 한들, 이 얼마나 끔찍한 참상이냐!

아름다운 꿈의 도시 〈스미루나〉는 이렇게 하여 40시간이 못가서 완전히 죽음의 도시로, 아니 악마의 놀이터로 변하고 말았다.

〈스미루나!〉

그것은 토이기의 가슴만을 울린 것은 아니었다. 토이기인의 분노에 그치는 것이 아니었다.

전 세계인류의 가슴을 촉촉이 적시었고, 분노를 뒤끓게 하였다.

토이기의 비극은 비단 〈스미루나〉 한 곳에 그칠 리 없었다.
그들 연합군이 가는 곳, 닥치는 고을마다 밤낮으로 토이기의 비명은 그칠 날이 없었다.
아직까지 무장 해제를 당하지는 않았다지만 그것을 목도하면서도 토이기군은 참아야만 했다.
사랑하는 조국과 처자가 적에게 짓밟히는 것을 옆에서 보면서도 어쩔 수가 없었다.
분노가 목까지 차올라 왔지만 그래도 참아야 했다.
-토이기는 이대로 영영 망하고 말 것인가! 이런 소원을 희구하면서.
그러나 일어났다. 단호히 일어났다. 마음을 잃고 처자를 다친 순박한 농민들이 적과 최후의 일전을 겨루기 위하여 초원으로 모여들었다.
그러나 맨 주먹이었다.

드디어 토이기군은 일어났다.
영원히 기록될 1919년 5월 28일.
〈아리 베이〉 대령이 인솔하는 토이기군 제17연대가 처음으로 희랍 진주군에 총탄을 퍼부었다. 그것을 신호로 하여 민족의 분노가 전 토이기에 깔렸다. 참으로 이 일발의 총성은 크나큰 기적을 가져왔다.
우국지사, 남녀 애국국민들은 의용군을 조직하였다. 여기에 모여든 소대원에는 소작농, 빈농 그리고 탈영병까지도 있었다.
참으로 잘 싸웠다.

그러나 전쟁은 이미 지지 않았는가.
끝내 기적은 열매를 맺지 못하고 꽃으로 지고 말았다.

〈폐허의 국토〉!
〈기진맥진한 국민〉!
〈희망없는……산발적인 항거〉!

거기에다 부패와 유약(柔弱), 그리고 무능으로 하여 오늘의 낙조(落照: 지는 햇살)를 가져온 〈마호메트〉 6세의 〈살타(술탄: 토이기 황제의 별칭)〉 정부는 아무런 대책도 없이 진주군의 기미를 살피고, 오히려 야합하는 적의 충복으로 알뜰히 복종할 뿐 나라에는 조금도 관심이 없었다.

―진정, 토이기는 이대로 망하고 말 것인가?
―진정, 토이기를 구할 용자(勇者: 용기 있는 사람)는 없는가?

다. 〈케말 파샤〉의 등장

〈무수타파 케말〉은 1880년 〈살로니카〉에서 태어났다. 어릴 때 아버지를 잃고 편모(偏母: 홀어머니) 밑에 〈살로니카〉 유년학교와 〈모나스틸〉 사관학교를 거쳐 1905년에는 〈콘스탄티노플〉 육군대학을 졸업하였다.
학생시절 때부터 그는 벌써 열렬한 자유주의자이기도 하였다.
그런 이유로 1905년 육군대학을 졸업하자 이내 체포당하는 몸이 되었다.

그러나 학업 성적이 우수하였다는 것이 인정되어 석방되고 〈다마스카스〉에서 근무하게 되었다.

이곳에서 그는 〈바탄〉(Vatan: 조국)이란 비밀결사를 조직하였고, 뒤이어 청년장교를 중심한 자유협회에도 관계하다가, 1909년 〈살탄〉의 반혁명을 이어, 청년토이기당의 지배권을 부활시켰다.

1915년에는 제19사단장으로서 오지리(墺地利: 오스트리아)와 신서란(新西蘭: 뉴질랜드)의 연합군을 〈카리포리〉 전투에서 격파하였고, 다시 제16군단장으로서 〈해밀턴 장군〉의 영불(英佛)군을 격퇴시켰다.

〈케말 파샤〉는 이 승리에서 〈다다넬스〉의 영웅이 되었고, 그 명성이 전국에 올랐다.

그는 개선장군으로서 수도에 돌아왔다.

그러나, 정부는 그를 냉대하였다. 뿐만 아니라 곧 동부전선의 노군(露軍: 러시아군)과의 대전을 위한다는 구실로 동부 전선으로 출동을 명하였다. 숨 돌릴 여가조차 없었던 전격적인 명령이었다.

악전고투 끝에 그곳에서도 적을 쳤다. 정부는 다시 그를 남부전선으로 돌렸다.

여기서 그는 동맹군인 독일의 〈할겐하우젠〉 장군과 크게 충돌하여 전선으로부터 해임되었다.

1918년에는 황태자를 따라 독일 방문에 수행하였다.

이미 독일의 패망을 눈에 본 그는 황태자를 총사령관으로 하고, 자신을 참모장으로 하는 혁명을 기도하였으나, 황태자의 동의를 얻지 못하였고, 황태자는 〈마호메드〉 6세로 즉위한 후에도 2차에 걸쳐 국정혁신을 위한 혁명을 박해(迫害:못살게 굴어 해롭게 함)하였으나, 결국 〈시리아〉 전선의 제7군단장으로 밀려났다.

1919년 4월 30일, 〈케말〉은 제3군관구 검열관이 되었다. 이 지위는 〈안카라〉 이동(以東: 동쪽)의 〈아나트리아〉 지방의 군총사령관 겸 총독에 해당하는 것이다.

뒤이어, 케말은 제1, 제2, 제3군관구의 군력을 자기 배하에 조직화하는 동시에, 각주 행정장관, 국민단체에까지 손을 뻗쳐, 동부 제주(諸州) 국민주권옹호(擁護)동맹을 구성하고 그가 스스로 위원장에 취임하고, 동부 제주회의와 국민회의를 소집하고, 〈아나트리아〉, 〈루메리아〉 권리옹호연맹의 명칭 하에 〈살탄〉에의 충성과 국민의 주권수호, 〈아르메니아〉, 〈쿨지스탄〉, 동(東)〈트라이카〉 등을 포함하는, 토이기 영토의 수호와 외국의 간섭, 침략의 반대, 특히 희랍에 의한 병합, 〈아르메니아〉 분리에 대한 공동방어와 공동항거 등에 대한 목적을 중앙정부가 관철하지 못할 때, 임시정부를 수립하여 그 목적을 달성할 것을 결정하고, 〈케말〉 자신을 비롯한 13명의 대표위원을 선출함과 아울러 자신이 이 양 회의의 의장에 임하였다.

이리하여 그는 비로소 통일된 저항의 국민적 조직기반을 가지게 되었으며, 이 기반을 통하여 중앙정부와 외세에 대항하는 줄기찬 구국 독립투쟁을 전개하고 나간 것이다.

라. 혁명의 가도(街道), 피의 승리

1920년 4월, 〈케말〉은 〈안카라〉에 임시정부를 수립하고 〈콘스탄티노플〉의 〈살탄〉정부의 정규군과 반란과 싸우는 한편, 토이기 민족의 독립투쟁을 한층 강화하였다. 그리고 국민의 지지를 얻는데 힘을 기울였다.

1921년 7월 10일, 국왕이 진두지휘하는 숙적 희랍군의 총공격을 받게 되자, 국민의회와 내각의 전권 위임 하에, 스스로 총사령관이 되어 적을 완전히 소탕함으로서 원수가 되고 명실상부한 실권자가 되었다.

이때부터 〈케말〉은 국가자본을 투자하여 민족자본을 육성하는 일방, 정규군의 훈련과 재편성에 주력하여, 1922년 8월 26일, 이번에는 자신을 가지고 희랍군에 대한 재차의 총공격을 전개하여, 9월 9일 만 3년 4개월 만에 원한의 땅, 〈스미루나〉에 입성하였다.

감격적인 그날이었다. 입성하는 측이나 맞는 측이나 모두가 한결같이 눈물에 젖어 있었다.

1922년 11월에는 〈로잔느〉 강화조약에 대한 토이기 대표의 파견 문제는 의외로 〈콘스탄티노플〉 정부에 대한 국민의 분노를 유발하였다.

〈케말〉은 이 기세를 빌어 국민의회에 〈살탄〉제도의 폐지를 내용으로 하는 결의안을 제출하였는데, 이것이 만장일치로 가결되자, 〈마호메트〉 6세는 〈마르타〉도(島)로 망명하였고, 토이기 민족의 독립운동을 저해하던 〈살탄〉 영국의 괴뢰정부는 붕괴하고 말았다.

이리하여 〈케말〉의 토이기혁명 통일은 성취되었다.

〈케말〉이 국가 대권을 맡고 처음 열강을 대한 것은 토이기를 요리한 〈로잔느〉 강화회의의 참석이다.

이 회의는 1922년 11월에 시작하여 익(翌: 다음해) 23년 7월 24일까지 계속되었는데, 143조로 된 강화조문과 그 부속 의정서, 부속 선언서 등 7개의 문서에 기록된 내용은 굴욕적인 〈세에블〉 조약을 폐기하는 동시에 어제의 패전국에서 당당히 오늘의 전승국으로 다시 빛나는 토이기의 주권을 되찾은 것인데, 그 중요부문을 인용하면 다음과 같다.

① 구 식민지와 해협 지대에 관한 조항 이외의 〈세에블〉 조약은 모두 폐기 되었다. 여기엔 이미 국민의 이해가 있었다.
② 영토에 있어서는 국민의 서약대로 국경선이 인정되었다. 동〈트라이카〉, 〈스미루나〉, 〈아다나〉, 〈아다리아〉 지방이 토이기의 주권 하에 돌아오고, 〈아르메니아〉, 〈쿨지스탄〉에 관한 조항이 없어지고, 반대로 로서아(露西亞: 러시아)로부터 양보 받은 국경 3주를 합하면 본국의 면적은 그 전보다 확대된 셈이다.
③ 토이기의 내정에 관한 사항, 즉 〈세에블〉 조약에서 규정된 일체가 폐지되었다.
④ 치외법권, 특혜관세제와 독자적 우편제도 등의 권리를 인정하였던 〈카피츄레슌〉 조항의 연합국의 특권도 전부 취소되었다.
⑤ 외국군대의 주병권(駐兵權: 군병력 주둔 권한)이 전국에 걸쳐 완전 철수되었고, 그 기간도 6주 이내로 명시되었다.

이상과 같은 결정으로 토이기 민족은 비로소 한숨을 돌렸다.
일절의 점령상황엔 완전히 종지부가 찍혔고, 〈세에블〉 조약에서 규정된 〈오토만〉제국의 식민지의 포기와 해협제도를 제외하고는 치욕의 조약은 가셔졌고, 도리어 〈오토만〉제국 이래의 소원이 〈로잔느〉조약에 반영됨으로써, 토이기는 전승국이 되어 새 출발을 하게 되었던 것이다.

이후 1923년 7월 24일, 토이기 국민회의는 이 조약을 인준하고 10월 2일에는 연합군이 철수하고, 동 6일에는 토이기군의 감격적인 수도입성이 있었으며, 10월 13일에는 수도를 〈안카라〉로 천도하였고, 10월 29일에는 제정(帝政)이 폐지되고, 101발의 축포 속에 공화국이 수립되고, 1924년 4월 20일에는 헌법이 선포되었다.

이로써 토이기 민족은 외국의 지배를 물리치고 민족의 주권을 회복하였으며, 전제군주 제도로부터 민주정치를 쟁취한 것이다.

이 빛나는 혁명의 역사는 세계 평화와 민족의 독립을 위하여 피로 엮어진 것이다.

이 귀중한 교훈을 어찌 토이기 민족의 것이라고만 할 것인가.

4) 〈나세르〉와 〈에지프트〉 혁명

본론에 들어가기 전에 본인은 사전에 이해를 구하고 싶은 것이 있다.

그것은 본인이 세계 각국의 혁명사나 그 배경, 그리고 이념에 대하여 강의하려는 것은 결코 아니라는 점이다.

그런 여유도 가지지 못하거니와, 그런 것은 흔히 지식의 시위에 그칠 염려가 있기 때문이다.

다만, 이러한 거울들을 우리의 경우에 비추어 봄으로써, 우리들의 위치를 재확인하고 그 방향이 결정하는데 참고로 삼으려 할 뿐이다.

이것은 전술(前述)에서도 지적한 바와 다를 것이 없다.

가. 〈나세르〉의 혁명 배경

근세 혁명사에서 우리의 주목을 끄는 대표적인 혁명의 하나로서 등장한 이 혁명은, 여러 가지 의미에서 분석 검토의 대상이 된다.

〈에지프트〉는 고대문명의 발상지의 하나로서, 또는 국토나 자원, 인구의 방대함에서 본다면 〈아랍〉, 〈아프리카〉 세계의 대국이라 할 수 있다.

이 나라는 19세기 초까지 토이기제국의 지배 하에 있어오다가, 1840년 일시적인 자치가 허용되었으나, 1882년의 대규모적인 반영(反英)폭동의 결과로서, 〈카이로〉를 점령당하고 영이(英埃: 영국-이집트)조약으로 영국의 세력권에 들어가게 되었으나, 세계 제1차 대전시 영국은, 보호국으로 정했고, 1922년에는 형식상이나마 독립을 허용하기에 이르렀다.

그러나 1936년 8월, 이태리의 〈에티오피아〉 침략에 즈음하여, 영국은 영이동맹을 강요하고 〈수에즈〉 운하지대의 주병권(駐兵權)을 포함한 특수권익을 확보하였다.

제2차 대전이 발발하고는 전기(前記) 영이동맹조약을 구실로, 전 〈에지프트〉 영토를 점령하고 왕궁을 포위하여 친영 정권인 〈와프트〉 내각을 성립시켰다.

그러나 이 사건은 즉각적인 반향을 일으켰다.

위로는 국왕으로부터 아래로는 국민 한 사람, 한 사람에 이르기까지, 분노가 폭발되었다.

외세의 침략으로 신음의 역사만 되풀이되어 오던 〈에지프트〉 국민으로서는 참을 수 없는 굴욕이었다.

영국군의 철퇴(撤退: 물러남)를 요구하는 시위가 연(連)달았으나, 일익(日益: 날로 더욱) 가열의 도를 극(極: 더할 수 없는 정도에 이름)하여 가는 세계대전은 이 민족 항거를 눌렀다.

그러나 전쟁이 끝나자, 참아왔던 민족해방의 투쟁은 대하(大河: 큰 강물)처럼 도도히 넘쳤다.

이 시기로부터 〈가말 아브델 나세르〉의 혁명정권이 수립되기까지 이 나라의 역사는 한 마디로 말해서 〈민족해방투쟁기〉라 할 것이다.

〈에지프트〉 국민은 영국군의 즉시 철퇴를 요구하였고, 압력을 극(極)한 1936년 조약의 폐기를 선언하였다.

이 반영(反英)운동은, 일찌기 이 나라 사회에 있어보지 않았던 볼 수 단결을 가져왔다. 학생은 물론 노동자에 이르기까지 혼연일체 그야말로 범민족적인 궐기였다.

그러나 전시 중 영국에 등을 기대고 기생정권으로 타락하였던 왕(王)정권과 일련의 지배층세력 등은, 전투용 비행기까지 동원하여 이 독립투쟁을 저지하는데 광분하였다.

영국세력과 민중 반항의 중간에서 국왕과 대지주와 면화상인들을 중심으로 한 부패 특권층은 세력유지에만 부심하였다.

그러나 노도와 같이 밀려드는 민족 반항투쟁의 대세 앞에는 어찌할 수 없었다.

결국, 영국은 하는 수 없이 본토에서 물러나게 되고, 대신 〈수에즈〉

운하로 집결하게 되었다.

이것이 전후 〈에지프트〉 민족투쟁의 제1차적인 승리다.

그러나 이 같은 승리에도 불구하고, 후진사회의 불균형은 이에 수반된 부작용을 가져왔다.

제2차 대전 전후 수년간에 있어 〈에지프트〉에는, 자본주의 경제발전은 상당한 발전을 가져왔지만, 그 결과는 국가 경제의 구조면에 큰 변화를 초래하고 말았다.

화학, 금속, 기계, 방적, 〈시멘트〉, 사탕, 연초, 은행업 등에서 영국이 〈에지프트〉 경제를 좌지우지할 수 있는 대규모의 실력을 구축하였던 것이다.

그러나, 이 같은 자본주의 경제체제의 발달은 그 국민적인 이익임에도 불구하고 반영의식과 특권층에 대한 반항의식을 각성하게 하였고, 영국군의 본토철수에서 거둔 승리의 전 세력은 계급투쟁이란 새로운 양상을 빚어내게 된 것이다.

마침, 이럴 때에 유명한 〈팔레스티나〉 분할사건이 발생하였다.

그렇지 않아도 팽배(澎湃: 거세게 일어남)되어 일어나는 계급투쟁의 방지에 혈안이던 왕정권은, 이 시기를 물실호기(勿失好機: 좋은 기회를 놓치지 아니함)하고 전국에 계엄령을 선포하여 민주노동운동을 탄압하고, 1948년 5월 〈이스라엘〉 공격을 개시하였다.

그러나, 이 전쟁의 결과는 실로 참담하였다.

10여만의 〈에지프트〉 출동병력은 불과 3만5천으로 줄어졌고, 사실상 장비(裝備)된 무기라고는 실용가치 없는 노후무기, 녹슨 탄약뿐이었다.

여기에 부패된 상류층의 무능이 겹쳐, 전세는 불리일로(不利一路), 급기야는 역전되어, 〈이스라엘〉군이 〈에지프트〉 영토 공격이란 사태에 이르렀다. 여기에서 국민은 목전의 외적보다 내적에의 대책이 시급함을 통감하게 되었다.

그 위에 세기의 탕아(蕩兒) 〈파루크〉 국왕이 조국을 팔아 치운 희대의 사건에 대하여서는 조사조차 왕권으로 중지시키고 만 것이다.

국왕에 대한 국민의 증오와 분노는 절정에 달하였다.

1950년 1월, 총선거가 실시되자, 전중(戰中: 전쟁 중)의 대영협조, 간부부패란 약점에도 불구하고, 왕정비판, 민족산업 경제의 향상, 국민생활의 개선, 1936년 협약의 개정 등을 주장한 〈와프트〉당이 10년 만에 정권을 맡게 되었다.

그러나 얼마 가지 않아서, 이 당은 다시 부패함으로써 국민의 규탄을 받는 표적이 된 것이다.

계엄령 해제에 따른 학생, 노동자, 빈민층의 대중운동은 가일층(加一層: 한층) 더 무서운 기세로 폭발하였고, 거기에 〈파루크〉국왕과 〈와프트〉내각의 불화는 전 〈에지프트〉에 정치적인 위기와 일대 사회혼란을 조성하게 하였다.

이러할 즈음, 1951년 9월 〈에지프트〉 국민의 주장인 〈수에즈〉운하에서의 영국 철수와는 달리, 〈에지프트〉의 중동방위사령부 참가를 조건부로 미, 영, 불, 토이기 군으로 편성된 국제군으로 하여금 영국과 대체하게 한다는 소위 중동방위기구 안이 발표되었다. 이 결정에 〈에지프트〉 국민이 가만히 있을 까닭이 없었다.

사태가 이렇게 되자 〈와프트〉 내각은, 1936년 조약과 1899년의 〈

수단〉협정의 파기를 선언하고, 영국군의 〈수에즈〉 철수를 정식으로 요구하였다.

정부와 국민이 일체가 된 이 반영 민족해방투쟁은 실로 〈에지프트〉 역사상 없었던 최대 최강의 규모로 전개되었다.

학생, 노동자, 문화인, 지식인, 사무원, 도시빈민이나 농민은 물론 자본가, 지주에 이르기까지 실로 모든 〈에지프트〉인이 총단결된 것이었다. 문자 그대로, 〈에지프트〉의 전 계급, 전 계층이 한 덩어리가 된 민족 분노의 화산이었다.

그러나 〈에지프트〉 국민을 맞이한 것은, 다만 무자비한 총탄 세례뿐이었다.

전 국민들도 무장하고 일어났다. 11월부터 운하지대는 〈게릴라〉전으로 수라장(修羅場: 큰 혼란에 빠진 곳)이 되었다.

이같이 대영투쟁에 영웅적인 항거를 전개하였음에도 불구하고, 〈와프트〉당은 이를 조직화하고 지도할 뜻은 갖지 않고, 도리어 당초의 결의와는 달리, 보조경관(補助警官)을 동원하여 이 운동을 탄압하고, 국왕은 국왕대로 영국 편에 붙기 시작하였다.

바로 이때 〈에지프트〉 민족해방투쟁사에 영원히 기록될 저 유명한 〈암흑의 토요일〉 사건이 터지고 말았던 것이다.

1952년 1월 25일 〈이스마이리아〉 시청을 포위한 영국의 기갑부대는 250명의 〈에지프트〉 수비대를 살해하였으며, 그 익일 수도 〈카이로〉에는 방화가 연달아 일어났다. 격노한 민중은 영국인과 백인지구를 습격하여 17명을 타살하는 한편, 적성국민 50명을 처치하고 그

주택에 방화하였다.

영원한 수수께끼가 된 이 암흑의 토요일 사건은 불행하게도 〈에지프트〉 민족운동에 결정적인 타격을 가져오는 원인이 되어버렸다.

국왕과 〈와프트〉 내각은 계엄령을 선포하고, 전 민중운동에 종지부를 찍게 하고, 새로이 친영내각인 〈힐라리〉 정권을 수립하여, 무기한 의회를 해산하고 말았다.

이날부터 〈에지프트〉는 4년 반 동안의 계엄기간과 5년 반의 의회 없는 상태가 빚어진 것이다.

이 기간 중에는 무슨 일이 오고 갔던가.

그것은 두말 할 것도 없이, 영국과 그 친영 일당, 그리고 국왕과 부패된 봉건계층의 독무대가 된 것이다. 참으로 세계 최고 문명의 나라, 〈에지프트〉는 영영 이대로 꽃도 피지 못하고 사라지고 말 것인가.

나. 혁명의 경과

바로 이때, 자유장교단의 혁명이 거사된 것이다.

1938년 반(反)식민지주의, 반왕제, 반봉건제를 주창하던 〈나세르〉의 호소에 호응하여 조직되었던 이 자유장교단은 때마침 그 지도자격인 〈나기브〉가 국왕으로부터 입각을 거부당한 것을 계기로 하여 제2차 〈힐라리〉 내각 성립 2일째인 1952년 7월 23일에 〈쿠데타〉를 단행하였다.

이때 자유장교단은, 군부쇄신이 근본적으로 〈에지프트〉 정국의 숙정(肅正: 엄격히 바로잡음)과 연관 있고, 정국의 정화는 궁극적으로 사회의 기본적인 개혁을 뜻한다는 것을 단정하고 있었다.

이리하여 7월 23일 상오(上午: 오전) 0시를 기하여 행동을 개시한 혁명군은 곧, 〈카이로〉를 점령하고 〈아리 마헤르〉를 수상에 추대하는 동시에 동(同) 26일에는 〈알렉산드리아〉를 점령하여 〈파루크〉 국왕의 지위를 박탈, 국외로 추방하였다.

이 혁명의 행동강령은 혁명위원회를 통하여 국민 앞에 발표되었는데, 그것은 〈단결〉, 〈규율〉, 〈노동〉이다.

혁명군은 착착 국정의 쇄신을 단행하여 갔다.

그 첫째가 정치의 숙정(肅正: 엄격히 바로잡음)이다. 즉 전(前) 국왕의 측근자와 〈와프트〉당, 그리고 동당(同黨) 간부를 재판하였고, 아울러 군부와 정계추방 대상자 심사위원회의 설치, 그리고 부정행위자 조사위원회를 또한 설치하였는데, 여기에서는 무기 구입, 면화 거래, 토지 수득세 부불(不拂: 지급하지 않음) 등의 부정을 조사하게 하였다.

한편으로 구정권에 박해 당하던 많은 정치범을 대거 특사하였다.

둘째로, 사회복지의 증진책으로서는, 〈디플레〉(deflation: 저물가)정책을 유지하게 하고, 수입관세를 인상하였는데, 이는 민족산업의 보호와 육성을 위하여 취해진 조치다.

그리고 사회법을 개정하여, 〈에지프트〉 특수비율의 최소한도를 51%에서 49% 인하하고 외자도입을 촉진하였다.

다음으로는 소득세율의 개정이다. 배당이자, 이윤의 세율을 16%에서 17%로 인상, 기타 내외자본의 투입을 장려하는 범위 내에서의 최후적인 개혁이 단행되었다.

교육, 사회, 후생시설의 개선은 이 나라의 최대 관심사가 되었는데, 총체적으로 보아 예산의 1%를 증액하였다.

셋째의 광정(匡正: 잘못된 것을 바로 잡음)은 파괴활동의 금지이다.

반공에 대한 제(諸)입법을 서둘렀고, 계엄령은 존속하게 하였다. 〈라디오〉방송의 완전통제, 그리고 모든 신문 기타 통신에 대하여서도 검열제를 실시하는 등 강력한 정책을 추진한 것이다.

그러나 이 같은 공화제로의 제1보를 내디딘 혁명정부는, 마침내 불가피한 제난관과 대결하지 않을 수 없게 되었다.

그 첫째가, 말하자면 사회반동 원리에서 온 민중의 자유 추구이다.

그러나 그러한 이상(理想)은 혁명과업의 수행에 이로울 것이 없는 것이다.

그리하여 혁명정부는 〈나기브〉로 하여금 수상에 취임케 하고, 혁명위원회가 향후 3년간 전권을 장악할 것을 선언하는 동시에 일체의 정당, 사회단체를 해산하고, 여기에 수반되는 모든 반국가적, 반사회적, 반민중적인 운동을 억제하여, 마침내 국민 조직으로서 〈해방전선〉을 발족시키기에 이르렀다.

여기에 이 〈해방전선〉의 성격과 그 정책을 잠시 살펴보기로 하자.

ㄱ. 〈해방전선〉과 그 정책

① 〈에지프트〉에서의 외군(外軍) 무조건 완전 철퇴
② 〈수단〉의 자치
③ 신헌법의 제정
④ 사회보장제도의 확립
⑤ 부의 공평한 분배, 인적 물적 자원의 완전이용, 신자본의 대량 투입을 촉진시키는 경제제도
⑥ 법률이 정하는 바에 따른 인권의 보장과 그 정치제도
⑦ 사회적 의무감을 기초로 한 교육제도
⑧ 전 〈아랍〉제국과의 우호 증진
⑨ 〈아랍〉연맹 강화와 지역협정
⑩ 전 우호국과의 친선
⑪ 국련(國聯: 국제연합, UN) 헌장의 준수

〈해방전선〉의 〈슬로간〉 〈성격〉, 이것은 앞서도 말한 바 있듯이 〈단결〉, 〈규율〉, 〈노동〉이다.

이 〈해방전선〉 이후, 〈나기브〉 집권 9개월간에 혁명위원회가 크게 주력한 것은 토지개혁, 그리고 전반면에서, 민족자본의 육성을 기반으로 한 경제시책이다.

이와 병행하여 1953년 2월에는 〈에지프트〉·〈수단〉 협정을 체결하여 3년의 과도기를 거친 후에는 자치하도록 하는 동시에, 이때까지 명목상으로 지속되어온 군주제도를 1953년 6월 18일을 기하여 완전한 공화국체제로 창건하게 하였다.

ㄴ. 〈나기브〉·〈나세르〉 병립기

 혁명위원회는 이와 같이 완전한 공화체제의 실시를 통하여 정부의 개조를 단행하고 〈나기브〉의 수상 겸 대통령 하에, 혁명위원회의 실권자인 〈나세르〉가 부수상 겸 내무상으로 등장하였다.

 그러나 후진국가의 개혁과정에 있어 고질적인 부작용은 여기에서도 예외일 수는 없었다.

 완전 공화제의 실시는, 반동적으로 반정부적인 공산주의적, 사회적인 일대 민중운동을 수반하여 왔다.

 이대로 둔다면 혁명은 완전히 유산(流産)이 된다.

 혁명위원회는 여기에 강경한 조치로 임하였다.

 비상특별혁명재판소의 설치가 그것이다.

 이 기관은 학생, 농민, 사회, 노동, 반혁명 음모에 대한 강력한 단속은 물론, 언론, 출판, 집회까지도 완전히 금지하게 하였다.

 이러는 동안 정부는, 총역량을 경제건설에 주력하였다.

 유명한 〈아스완 하이 댐〉의 실현이 이때에 비롯된다.

 이 같은 혁명위원회의 정력적인 노력에도 불구하고, 〈나기브〉와 〈나세르〉의 간격은 자꾸만 멀어져 갔다.

 〈나기브〉는 형식상의 최고 권력자에서 실질상의 권력 장악을 요구하여 혁명위원회와 맞서게 된 것이다.

 여기에 군정의 계속과 혁명의 적극적인 과업달성을 요청하는 해방전선·군부·민간과 구 왕당파·구정객과의 연결을 기도하는 〈나기브〉파 간에는 연일 사태가 악화되어 갔다.

 1954년 4월, 혁명위원회는 〈나기브〉를 추방하고, 〈나세르〉를 수상에 추대하여, 8명의 혁명위원이 입각함으로써 정부를 장악하기에 이르렀다.

〈나세르〉정부는 그동안의 정당결성 자유권을 취소하는 일방, 전국왕치하 10년간을 관직에 있었던 정당간부 전원을 숙청하였고, 동 10월 하순에 있었던 〈나세르〉저격사건을 계기로 하여 〈나기브〉를 체포 연금함으로써 〈나세르〉는 명실공히 혁명위원회의 의장, 대통령 권한대행 겸 수상 직에 올랐다.

다. 〈나세르〉의 등장

공화제 〈에지프트〉의 실권자가 된 〈나세르〉는, 그동안 여러 가지 제약으로 완화하여 오던 자신의 소신을 이때부터 발휘하게 되었다.
이것이 이른바 〈나세르 혁명 6개원칙〉이다.

① 식민주의와 그 동조자에 대한 제재
② 봉건주의의 폐지
③ 정치에 대한 금력지배의 종식
④ 강력한 국민군의 창설
⑤ 사회정의의 보장
⑥ 건전한 민주적 생활의 확립

이리하여, 그간 성격이 모호하였던 〈에지프트〉혁명노선은 점차 그 윤곽을 드러내게 되었다.

첫째, 그의 중립노선이 그것이다. 1955년 7월의 〈나세르〉·〈네루〉·〈수카르노〉회담, 동 12월의 〈나세르〉·〈티토〉회담, 그리고 〈반둥〉회의참석 등에서 언제나 그는 주도적 역할을 하였다.

둘째, 〈이스라엘〉문제를 계기로 하여 전 〈아랍〉세계의 단결 촉진이다.

그리고 끝으로 1956년 6월 13일 실현을 보게 된 〈수에즈〉운하에서의 영국군 철수로써 이집트의 숙원을 성취시켰다는 점이다.

〈나세르〉는 1956년 6월 23일에 신헌법을 국민투표에 붙이게 하였는데, 여기서 그는 투표율 99% 중 지지율 98.8%란 승리를 거두었고, 혁명위원회가 공천한 대통령에는 99.9%란 지지를 받아 정식으로 대통령이 되었다.

〈우리들은 자본주의도 공산주의도 아니다. 단지 우리는 우리의 사회를 형성하는 중에 있을 뿐이다.〉

〈나세르〉는 이렇게 선언하였다.

그는 지금 세계 최대의 〈댐〉이자, 〈에지프트〉 공업화의 중심 원동력이 되고, 전 경작지의 3할을 증가시킨다는 장대무비(壯大無比: 크고 튼튼하기로 비할바 없음)한 〈아스완 하이 댐〉 공사에 여념이 없다.

또한 1960년부터 시작된 제2차 경제개발 5개년 계획은 약 37,500만 〈에지프트〉파운드를 투입하여 연간 13,700만 〈에지프트〉파운드의 국민소득 증가를 기하려고 총력을 다하고 있다.

그는 또한 민족경제의 재건을 돕는 인사라면 누구든지 〈에지프트〉의 친구가 될 수 있다고 강조하여 동서 양방을 마음대로 다루고 있고, 〈아랍〉과 〈아프리카〉의 정점에 앉아, 〈제3의 세계 건설〉이란 내일을 향하여 손짓하고 있다.

　수천년래(來)의 봉건아성을 무너뜨리고 생기충일(生氣充溢: 활력이 넘쳐흐름)하는 현대 〈에지프트〉를 건설하려는 〈나세르〉의 자세와 투지!

　동서의 강대 세력, 그 한복판에 서서 실리외교를 추진하고 제3의 세계를 외치면서 세계균형을 조정하고 나서려는 그의 철학은, 확실히 약자가 창조하여 가는 현실의 기적이 될 것으로, 이는 우리의 관심을 모아 마땅하리라 믿는 바이다.

2. 중근동(中近東)과 중남미의 혁명 사태

중국의 손일선 혁명, 일본의 명치유신, 토이기의 〈케말〉 혁명, 그리고 〈에지프트〉의 〈나세르〉 혁명 등은 민족의 재기와 발전을 위한 거룩한 거사였다.

그러나, 이 같은 혁명의 개념이 20세기 후반에 접어들면서 점차 변질되어 가고 있음을 간과할 수 없다는 것이다.

과학의 발달이 뒷받침하는 국제 연관성과 완전히 개방된 자유평등의 사조, 인구의 팽창에 따른 생존경쟁, 그리고 후진사회 국가의 개혁 의욕 등은 마치, 역사의 생필품처럼 혁명을 불러들였다.

후진국과 〈쿠데타〉

이 사이에서 몸부림치는 각 민족의 진통상을 비유하면, 마치 월(月)세계 이주 이전, 즉 지구 하반기의 결산과정을 전시하는 것 같기도 하다.

이는 또한, 전 인류가 하나의 울타리 안에 한 가족으로 살고자 하는, 지구균형 과정일는지도 모른다.

하여간, 이 진통을 올바른 홍역으로 치르고, 정확한 궤도에 진입하는 자는 적자생존의 원칙에서 살아나갈 것이요, 그러지 못한다면, 결국은 파멸의 비참을 맛보고 말 것이 아닌가.

본인은 차제(此際: 때마침의 기회), 현대에 있어서의, 그와 같이 두드러진 세계의 진통을 겪고 있는 중근동과 중남미의 혁명사태상(相)을 개관하여 봄으로써, 우리의 내일에 자(資: 보탬이 됨)하려 한다.

가. 중근동 혁명과 그 특색

중근동을 다녀온 기자들은 이렇게 말하고 있다.

〈비쇼프〉 기자는 〈가축보다 인간의 값이 싸며, 생활상도 인간보다 가축은 나았다〉 하였다. 〈죤 간서〉는 〈인구는 나날이 팽창하여 가고, 자기 손으로 자기 목을 질식하게 하고 있는 상태, 인구 4천의 부락에 전등은 거의 없고, 해만 지면 민가는 성생활밖에 없는 나라〉라고 하였다.

이러한 사정은 중근동을 뒤덮고 있는 공통된 현상이다.

인구는 폭발상태로 늘어나고 반면에 식량은 갈수록 부족하여진다. 따라서 생활고와 싸우다 죽어가는 것이 그들의 한평생이다.

이런 원인으로 연발되는 것이 〈혁명〉이다.

〈버마〉(미얀마), 〈세일론〉(스리랑카), 〈에지프트〉, 〈콩고〉, 〈에디오피아〉, 〈이란〉, 〈이락〉, 〈파키스탄〉, 〈수단〉, 〈시리아〉, 태국, 토이기, 〈예멘〉…… 등등의 혁명은, 이같이 국정의 쇄신과 민중의 생활향상, 그리고 정치적 속박에서 해방되려는 사회적 개혁운동을 본령(本領: 근본 줄거리)으로 하고 있다.

이와 아울러 불가결한 요건이 된, 외세의 축출, 전제군주(독재자)의 추방, 대지주의 탄핵을 가져왔고, 자주경제를 확립하려는 일종의 산업혁명으로 발전해 간 것이다.

그리고 이 중근동 혁명의 특색은, 오랜 세기 동안 그들을 압제하여 온 서구세력에 대한 반발이자, 빛을 보지 못하던 자기 문명, 문화에 대한 의식자각, 민족의식을 제고 성숙하게 하여 동서 양 진영에 대한 또 하나의 세계권을 형성하려는 것으로도 나타났다. 즉 〈아아(亞阿:

아시아 아프리카)클럽〉의 생성이다.

〈네루〉, 〈나세르〉, 〈수카르노〉를 정상으로 하여 앞날의 세계사를 치돌릴 이 중근동의 몸부림, 여기서 과연 우리는 무엇을 보고 느끼며 결심하게 되는 것인가.

나. 중남미의 혁명사태와 정권쟁탈

중근동 혁명이 그같이 일종의 자활혁명임에 반하여 여기 중남미의 혁명은 혁명의 명예를 크게 상처 주는 것이라 하지 않을 수 없다.

그들은 마치 혁명은 〈복놀이〉 삼아 하고 있는 것이다. 그렇다고 전연 이유 없는 것도 아니다.

중남미는 19세기 초, 〈스페인〉의 절대주의로부터 벗어나 명목상의 독립을 찾기는 했으나, 민주주의, 공화체제란 허울 좋은 무대에서, 전근대적인 권력 쟁탈에 혈안이 되어 왔고, 이것은 점차 이 지역에 만성적인 정정(政情: 정치정세) 불안의 씨로서 자라나고 있다.

대지주와 군인은 서로 공모하여 권력을 방위하고 점령하는 데 세월을 보냈다.

여기에 생각나는 대로 간추려 보면 다음과 같다.

① <아르젠틴(아르헨티나)> 혁명 (1955, 1962)
② <볼리비아> 혁명 (1958, 1961)
③ <콜럼비아> 혁명 (1957)
④ <도미니카> 혁명 (1961, 1962)

⑤ <에콰도르> 혁명 (1961)

⑥ <과테말라> 혁명 (1954, 1957)

⑦ <하이티(아이티)> 혁명 (1956, 1958)

⑧ <온듀라스> 혁명 (1956)

⑨ <파라과이> 혁명 (1954)

⑩ <니카라과> 혁명 (1960)

⑪ <파나마> 혁명 (1955)

⑫ <베네주엘라> 혁명 (1958, 1960)

어찌 이뿐이겠는가.

이상, 제혁명은 국정 여하를 막론하고 <쿠데타>의 본질이 전술한 대로 정권쟁탈에 불과한 것이었다.

이 지역에는 지금도 그러한 위기를 안은 채 날을 맞이하고 보내고 있는 형편이다.

여기에 겹쳐, 또 하나의 골칫거리는 <큐바>의 <카스트로> 혁명의 수출 선풍이다.

그는 <모스크바>로부터 공산주의를 직수입하여, 미국의 코 밑에 붉은 말뚝을 박고, 이것을 정치정세가 불안한 중남미에 수출하여 <라틴 아메리카>의 적화를 기도하고 있는 것이다.

미국의 건전한 이상주의와 무모한 <카스트로>의 불장난 틈에 끼인, 여기 중남미제국의 금후 동향은, 대서양 주변의 짐덩어리가 아닐 수 없다.

각 민족과 국가를 단위로 한 건전한 사회축조와, 그 위에 세워져야 할 자유의 균형은, 중남미의 진통이 하루속히 건전한 바탕으로 돌아갈 수 있느냐, 없느냐에 따라서 좌우된다 할 것이다.

3. 혁명의 각 태상(態像: 모습)을 보고

이상에서 우리는 세계 각국에 있었던 혁명의 타진하여 보았다.

여기서 우리가 그 혁명에서 참고로 할 수 있는 특색을 추출하여 보면, 다음의 것이라 보아 대차(大差: 큰 차이) 없을 것이다. 즉,

손일선 혁명에 있어서는 〈혁명〉이란 〈무엇보다도 먼저 확고하고도 일관된 이념의 기저가 형성되어야 한다〉는 것이고,

일본 명치유신은, 〈혁명〉이란 어디까지나 그 개혁의 결과가 자기류(自己流)로 완전 소화되는 결과여야 한다는 것이고,

토이기(土耳其: 터키)의 경우, 〈혁명〉은 양보 없는 투쟁과 불굴의 전진에서만 얻을 수 있다는 것이며,

〈에지프트〉의 〈혁명〉은, 현대의 혁명은 경제혁명인 동시에 그것은 고도화한 국제연관성과 항시 직관되어 있다는 것이다.

혁명은 참으로 거사하기도 힘들거니와 그 성공도 여간 어렵지 않은 것이다.

대내적으로 혁명대상 세력의 숙청, 직접 간접으로 견제하려는 외세, 그리고 혁명 부작용으로 발생되는 제사태-(예컨대 반(反)혁명세력의 준동, 혁명의 탄력성에 대한 민중의 몰이해, 자유의 추구 등)를 처리한다는 것은 말이 쉽지 표현하기도 어렵다.

혁명은, 이 고난의 한 가지라도 견디어내지 못하면 실패하고 마는 것이다.

마치, 이것은 〈서커스〉 세계에 비유할 수도 있는 것이다.

만 가지 일 가운데 한 가지 일이라도 실패하면, 그 곡예는 그때부

터 생명을 잃고 마는 것이다. 만이면 만 가지 줄 위에서 떨어질 수 없는 일이 아닌가.

그러므로 혁명을 강력하여질 수밖에 없는 것이다.

법 이외의 강력한 체제와 〈힘〉의 발동도 불가피한 경우가 허다하다.

이것은 국민제위가 이해하고 협조하는 마음으로 참아야 하는 것이다.

혁명은 마치 한 해의 농사와 같다.

가을의 수확을 위하여 농부는 얼마나한 것인가.

현재의 고통은, 내일의 결실을 위하여 부가불(不可不: 마땅히) 지불되지 않을 수 없는 것이다.

이 희생, 이 지불 없이 가을의 수확은 참으로 허망한 기대가 아닐 수 없다.

또한 우리는 혁명을 달리, 우리의 인생에 비할 수도 있다.

아버지의 노고는 아버지의 향락을 위하려는 당대의 위주가 아니고, 그것은 솔직히 사랑하는 자녀를 위하는 데 있듯이, 혁명은 당시 사회의 안정이기보다는 내일의 사회를 위하는 것이다.

그러기 때문에 혁명을 맞은 당대는 그만큼 고생을 지불하지 않을 도리가 없다.

자녀를 위하기보다 우선 자신이 잘 살아야겠다는 부모가 있겠는가.

진실로 오늘날의 부모는 많은 자산을 자녀에게 물려주기는 어느 모로도 틀렸다.

우리 부모들이 물려주어야 할 것은, 돈도 아니고, 금도 아니고, 그것은 그 자녀가 자기 실력대로 살아갈 수 있고, 자유롭게 살아갈 수 있는 환경과 여건인 것이다.

그런 까닭으로 우리들의 사명이 또한 고되지 않을 수 없다.

혁명이 괴롭다 하고 당장의 쾌락을 추구한 나머지, 자녀들로 하여금 우리가 겪은 그대로의 고난을 물려준다면, 참으로 오늘날의 우리 부모들은 크나큰 죄를 지었다 하지 않을 수 없을 것이다.

억만금을 물려준다 한들 후세사회가 온전하지 못하다고 한다면, 결국 그 자산이 무슨 힘이 되겠는가.

혁명은 이같이 오늘보다 내일을 위하여 제기되는 윤리에 있다.

못 산다.
괴롭다.
가깝(갑갑의 방언)하다.

이것을 극복할 수 없는 민족은 언제나 남의 무릎 위에서 재롱이나 부리지 않으면 안 되는 것이다.

〈피와 땀과 눈물!〉

이것으로 민족이란 싹은 비로소 자라나는 것이다.

이러니, 혁명은 강력하여질 수밖에 없는 것이다.

적이 무엇인가 알아야 하며, 확고한 이념으로 무장하여야 하고, 불굴의 투지와, 폭발하는 정열과 감격이 행동으로 드러나야 하는 것이다.

이와 함께 투철한 민족적 예지와 천금 같은 인내와 깊고 넓은 애정이 결여(缺如)될 수 없는 것이다.

우리의 혁명은 그 같은 사명과 목표 밑에 이루어졌고, 또 지금도 진행되고 있는 것이다.

본인은, 이 같은 우리 혁명과정과, 이상(以上) 각 민족의 혁명과정을 비교하여 민족적 노력, 투쟁, 인내 등에 있어, 과연 위대한 결과를 기약할 수 있는 당연한 대가를 지불하고 있는가, 없는가를 언제나 자성하고 있다.

제5장

〈라인〉강의 기적과 불사조 독일민족

1. 지상 최대의 비극과 패전국 독일
2. 〈라인〉강의 기적
3. 이 기적의 원인
4. 백억불의 미국 원조와 한국동란의 영향

제5장

〈라인〉강의 기적과 불사조 독일민족

〈라인〉강의 기적은 혁명의 과정을 겪지 않은 서독 특유의 유형이다.

그러나 엄격히 말하자면, 전체 국민들이 혁명을 거사한 것이라고도 할 수 있을 것이다.

왜냐하면, 그만한 개혁은 혁명이란 비상수단 이상의 강력한 것이었기 때문이다.

여하튼, 이 기적을 창조한 서독 국민의 재건상(再建相)은 우리에게 크나큰 참고가 되지 않을 수 없는 일이다.

1. 지상 최대의 비극과 패전국 독일

오 독일이여, 나의

영원한

애인이여! 나는,

너를 생각하면 눈물이

난다.

경망한 〈프랑스〉는

나의,

우울, 우울... 경망한

국민은

나의,

무거운

짐!

이 시는 독일의 애국 시인 〈하이네〉의 시 〈1839년〉에서 뽑은 한 구절이다.

유유히 흐르는 〈라인〉강은 미개민족에 불과하였던 독일민족에게 기독교의 문명을 싣고 와, 비로소 오늘날의 독일의 지성을 일깨워 주었다.

제1차 대전, 제2차 대전에서 결정타를 입은 이 나라가 이번에는 〈라인〉강에서 세계 최대의 부흥을 이룩하였다는 것은 매우 흥미 있는 일이다.

전 세계로부터 박해와 증오와 냉대만 받은, 고도(孤島: 외로운 섬)

나 다름없던 이 나라가 모든 역경을 뚫고 이만큼 다시 세계열강의 경제대열에 등장한 이유는 어디에 있는 것인가.

 제2차 대전 후 연합국으로부터 모든 공장시설을 철거당하고 재외재산을 강취당하였고, 영원한 비공업국가로 강요당하였던 이 나라는, 국가생리에 도저히 맞을 수 없는 않는 농업국으로 명령 받기까지 하였다.

 불란서 〈모겡소〉안으로 알려진 이 같은 연합군 당국의 명령은, 독일국민의 일상생활을 지탱할 최저선의 공업기준으로 1938년대의 50%에서 55% 한도 내의 공업한도를 허용 받았을 뿐이었다.

 제약은 여기에만 그치지 않고, 중가(重加: 등급을 올림)하여 외국인 재산의 반환, 유대인에 대한 손해배상, 점령비용의 부담, 석탄의 강제수출, 집중자본의 금지조치가 있었고, 한편, 소련군은 재빨리 700억불 상당의 산업기재를 닥치는 대로 철거하여 갔다.

 그러고서도 또한 연합국에 지불해야 할 막대한 전쟁배상금을 짊어지고 있었다.

 참으로 이 시기는 〈하이네〉의 〈1839년〉을 재현한 독일의 사회상이었다.

 남겨진 재산이라고는, 부수어진 벽돌담과 깨어진 대로 이지러진 국토, 굶어 죽어가는 국민의 사태, 수백만의 핏기 없는 실업자군, 이 뿐이었다.

 삶의 애착마저 잃은 국민들! 여기에 겹쳐지는 연합 전승국의 강제배상 요구의 채찍. 국토는 산산조각이 났고, 수도 〈베를린〉은 그 상징이 되었다.

파멸.
파멸.
파멸.

그뿐이었다.
마치 제1차 대전에서의 파멸이 재현된 상태이기도 하였다.

2. 라인 강의 기적

1960년.
전후 15년이 지났다.
이 시기는 〈라인〉강의 기적이 절정에 달한 때이다.
이제 본인은 1960년을 중심으로 그들의 재기상을 고찰하고자 한다.

서독은 1960년에 와서, 1936년, 즉 제2차 대전 직전에 비하여 경제성장률은 실로 279%란 증가 지수를 보게 된 것이다.
1950년에서 1960년간의 경제성장 10년은 미국, 불란서는 무변동이었고, 영국은 감퇴를 보인데 비하여, 이 나라는 3배의 성장을 나타냈다. 수출액은 연간 86억불을 돌파하여 미국의 130억불에 다음 가는 세계 2위를 차지하였다.
국내의노동력의 부족을 메우기 위하여 40만명의 외국 노동력을 도입하지 않으면 안 되는 환희의 비명에 찬 나라다.

1960년 당시 그들은 외화 60억불을 보유하여 미국 다음 가는 세계 제2위의 불화(弗貨: 달러) 보유국이 되고 있었다.
불과 10여년 전만 하여도, 의식주에 방황하던 이 나라가, 오늘날에는 13인당 자가용 자동차를 보유하는 낙원으로 등장하였다니, 기적이 일어난 것임에 틀림없다.
한편, 전승국인 미국은 국내의 불경기, 국제수지의 저하, 불화 가치의 위기, 금 유출의 위기 등 일련의 경제위기를 당함에 따라 〈딜론〉 경제담당 국무차관(후에 재무장관)을 파독(派獨: 서독에 보내),

① 미국은 NATO 경비의 종래 부담률 32%를 24%로 인하하고, 대신 서독은 종래의 14%에서 22%로 경비부담을 인상하여 줄 것,
② 미국을 대신하여 후진국 개발원조를 15억불 선에서 부담하여 줄 것,
③ 서독에 주둔하는 미국군의 경비를 분담하여 줄 것 등을 제기하고, 이에 대한 서독 측의 협력을 간청하기에 이르렀던 것이다.

이에 대해 당시 〈에르하르트〉 부수상은 〈그러한 요청은 미국정부 예산을 서독정부에 뒤집어 씌우려는 것〉이라 하여 고자세를 취하기조차 하였다.

결국, 8억5천만불 내지 9억2백만불 선에서 쌍방 교섭이 낙착되었다.

그러나, 당시 미국은 위의 3개 요구를 완전 관철하지 않을 수 없었다. 그러지 않고서는 불화의 위기나 금 유출을 방지할 도리가 없었기 때문이다.

이 교섭의 결과, 서독은 서독화 〈마르크〉의 평가절상 개혁을 이룩하여 놓는 이(利)를 가져왔다. 즉 종래 대불(代弗) 환산율 〈4.2 대 1〉로부터 〈4.0 대 1〉로 인하한 것이 그것이다.

이것은 참으로 중대한 의의를 가지는 것이다.

제2차 세계대전 후 전 세계는 예외 없이 대불 환산율의 평가절하만을 거듭하여 왔는데, 패전으로 황폐했던 서독만이 평가가 절상되었다는 것은 전후 경제사에 특기할 일이다.

그리고 이것이 또한, 미국이 서독에 관한 한, 불화가치에 있어서 후퇴하였다는 뜻이 되기도 한다.

말하자면, 미국이 서독에 대하여 돈을 짜내지 못하는 대신에, 서독화의 가치를 높여줌으로써 미국의 불화를 보호하여 보자는 것이 된다.

〈금석지감〉(今昔之感: 지금과 옛날의 차이가 너무 심함)이라더니 이를 두고 하는 말인가.

국가예산의 절반 이상을 미국에 의존하고 있고, 거기다 1,300 대 1까지 천정부지로 오르기만 하던 불화와, 내려가기만 하던 한화(韓貨) 가치.

이 얼마나 부러운 표징인가!

우리가 말하는 〈라인〉강의 기적의 내용이란 바로 그것이다.

그러면, 그 같은 기적은 어떻게 이루어진 것일까.

3. 이 기적의 요인

〈게르만〉 민족의 기질

　먼저 그 민족의 일치단결을 들을 수 있을 것이다.

　여기에서는 정치인, 교수, 문화인, 노동자, 학생이 따로 행동한 것이 아니고, 개인주의 사회가 창조한 기적이 아니고, 전체 민족이 조국의 한 목표를 향하여 자발적으로 혼연일치(渾然一致)되어 이룩한, 말하자면 민족역량이 총집약되어 이룩한 것이었다는 것이다.

　정치인은 온 심혈을 다하여 과학적인 정책과 외교에 진력하였고, 경제인은 국가지상 과업에 앞장 섰으며, 노동자는 굶어 가늘어진 허리띠를 졸라 매며, 기계와 밤을 새웠고, 교수들은 절망하는 국민에게 재기의 정신력을 고취하여 재생의 철학을 일깨웠고, 문화인들은 〈게르만〉 민족의 불패(不敗)를 노래함으로써 사기앙양에 솔선하였을 뿐만 아니라, 민간사회는 민간사회대로 놀고먹는 것을 부도덕시하여 서로 격려하는 등, 전후 독일의 사회는 드디어 재기에로 집중하기에 이르렀다.

　어떤 사람은 〈라인〉강의 기적의 요인을, 첫째 노동자의 근면, 둘째 기업가의 자유로운 창의와 실행, 셋째 정치인의 희생적인 노력과 과학적인 시책 등을 들기도 하지만, 보다도 이 같은 과업을 성취하기 위한 국민적인 성격 즉 국민성을 높이 사야 할 것이다.

　물론 1948년에 실시한 화폐개혁의 성공, 미국의 경제원조, 세계시장의 확대, 동독으로부터의 노동력의 대량 유입, 노사 간의 원만한 협조 등의 사유가 없었다는 것은 아니다.

　그러나, 이런 계기를 성공하게 한 것에는, 이 민족의 우수성을 들지 않고서 논리가 달리 될 수밖에 없다.

 그들은 먹을 것을 참았고, 입을 것을 아꼈으며, 쓸 것을 모아 살았다. 내핍하고 절약하고 저축하는 개인생활에 철저한 것이었다.

 그들의 사생활이 어떠하였는가.
 내일 결혼하는 사이일지라도 그들은 찻값을 따로따로 치렀다고 한다.
 관광여행의 길에서도 이들은 독일의 차(車)를 이용하고 독일의 빵을 싸가지고 다녔으며, 〈필름〉, 휴지까지도 자국제를 썼다고 한다.
 또한 버리고 가는 것이라곤 휴지와 용변물뿐이라니 관광산업으로 사는 스위스나 이태리 사람들로서는 괘씸한 관광객이 아닐 수 없다.

 또한 독일 민족처럼 질서를 존중하고 복종하며 직업을 신성시하는 국민도 없을 것이다.
 질서가 얼마나 철저하게 지켜지고 있는가는 학원 내에서도 찾아볼 수 있다.
 물론 학원이라면 자유가 보장되는 곳이기도 하지만, 독일의 경우는 교수는 왕이요, 학생은 신하에 비할 수 있다는 것이다.
 학원의 질서가 이러니 다른 부문은 가히 짐작될 수 있는 일이다.
 미국의 사고방식은, 계급이 있기 전에 먼저 사람이 있다고 하나, 독일인은 사람이기 이전에 학생이요, 하사관이요, 계원이라는 것이다.
 그렇다고 그 사회에 민주주의가 없고 자유가 제약되고 있다는 것은 아니다.
 이러한 국가관이나 사회윤리, 또는 그러한 철학은 벌써부터 유전되어 오는 〈게르만〉민족의 신앙이라고도 할 수 있는 것이다.

참으로 명석한 〈분별 있는 민족성〉이다.

그리고 〈물려받아서 펴고, 펴서 물려주는 기풍〉의 〈게르만〉정신은 고유한 전통으로 이어지고, 펴지고 넘겨져 오늘에 이르고 있다.

조부 때 못한 것을 부대(父代: 아버지대)에 이룩하고, 부대에 못한 것은 자손대(子孫代)에서 성취시키고야 만다는 것이다.

이러한 전통은 곧 전 독일국민으로 하여금, 과학하고 연구하는 성격으로 진전케 하고, 나아가 한 사람 한 사람을 그 분야의 전문가나 숙련공으로 만들었던 것이다.

아무리 전쟁에 져도 기술이나 지식은 빼앗아 갈 수도 없거니와 멸망하지도 않는 것이다.

독일은 이와 같이 풍부하고 우수한 자력(資力: 바탕이 되는 힘)을 보유하였던 것이다.

따라서 직업에 대한 관념도 지극히 실질적이다.

영어가 뜻하는 〈돈과 노동의 교환〉과는 달리 독일어의 직업이란 어의는 〈부름을 받았다〉는 뜻으로 되어 있는 것이다.

불란서인은 먹기 위하여 일하고, 독일인은 일하기 위하여 먹는다는 비유도 여기에서 온 것이다.

이러한 부흥의 원동력이 된 국민성 이외에 또 하나의 큰 요인이 된 것에 좋은 지도자를 가지고 있었다는 것을 들 수 있다.

이 지도자는 권력을 장악하려는 속된 욕심이 없었다. 국민에의 봉사와 국가의 발전 그뿐이었다.

경쟁자들도 보다 나은 정책에 열중하고, 개인의 인기 이전에 자당(自黨: 자신이 속한 정당)의 안정에 노력하였다.

스스로 감당 못할 일은 일체 공약도 하지 않았으며, 국민에게 강요도 하지 않았다. 그들은 말을 먼저 하지 않았고, 다만 행동이나 실천이 있고 난 다음에 비로소 그것을 설명하였다.

〈비스마르크〉나 〈히틀러〉에 이르러서도 그들의 정치가는 국민을 위하여 일할 수 있는 인물이었던 것이 사실이다.

전후(戰後), 그 같은 기적이 일어난 것도 결국은 지도자의 힘이라 하여도 과언은 아닐 것이다.

아무리 우수한 민족성을 지닌 국민이라 하여도, 이를 지도하고 운용한다는 것은, 지도자 여하에 달려 있기 때문이다.

방향의 지시 없는 진전은 있을 수 없지 않은가.

〈아데나워〉 수상이나, 그들 각료들은 전후 세계가 점차 공산주의에로 기울어져 가자, 실속 없는 반공의 구호보다 적절하고 효과적인 방안으로서 경제안정을 강구하였다. 이들은 실로 반공이란 표어를 실리적인 조국재건에 천재적인 수완(手腕: 일을 꾸미는 재간)으로 발휘하였다.

그 같은 전후의 난국에서도 독일에는 좋은 지도자가 있었던 것이다.

4. 백 억불의 미국원조와 한국동란의 영향

　1946년에서 1956년까지 서독이 미국으로부터 받은 총원조액은 100억불에 달한다.
　〈아데나워〉는 이 중에서 635,500만불을 경제재건 부흥에, 350,800만불을 서백림(西伯林: 서베를린)에 각각 투입하였다.
　서백림에 그와 같은 거액을 들였음은, 공산동독에 서독의 위력을 과시하는 〈자유 전시(展示)〉를 위해서였다.
　서독이 미국으로부터 받아온 원조액은 이것만이 아니다.
　1946년 이전의 것과 가산한다면, 매년 평균 10억불에 상당하는 것인데, 이는 서독인구 5,200만명에 대하여 실로 1인당 20불에 해당하는 것이 된다.
　얼마나 많은 원조액인가 가히 짐작될 것이다.
　정치란, 별것이 아니다. 떠들고 싸우고, 영좌(榮座: 영광스런 자리)에 앉아 족보에 벼슬의 이름을 남기는 것이 아니고, 봉사하는 기간 중에 땀 흘리고 단 한 푼의 돈이라도 많이 벌어들이고, 잘 입히고 잘 먹게 하는 것 이외 아무것도 아니다.
　이와 같이 막대한 미국의 원조를 받아 경제부흥을 이룩한 〈아데나워〉 앞에 또 하나의 좋은 기회가 왔다. 이것은 곧 한국의 동란이다.
　우리는 이래저래 남 좋은 일에 이용만 되었다.

　〈아데나워〉는 이 동방의 비극을 자기들의 조국과 민족을 위하는데 최대한으로 이용하였다. 전후, 미영불 등 서구국가들은 전시산업(戰時産業)을 평화산업으로 전환하였다. 이럴 즈음 발발한 한국동란의 수습을 위하여서는 평화산업을 일부 중단하고, 군수공업으로 재정비 하지 않을 수 없게 되었다.

이리하여 세계에는 경제의 공백기가 도래되고, 도처마다 수요부족이 엄습하여 왔다.

서독이 이 기회를 놓칠 리 없었다. 그들은 이 공백기를 재치 있게 포착하여 밀고 나갔다.

〈에지프트〉, 인도, 〈말레이〉, 태국, 印尼(인도네시아) 등, 세계시장의 구석구석에까지 파고 들어갔다. 이들은 또한 좋은 시기에 서독상품의 사용도를 높이기 위한 여유도 잊지 않았다. 정확하고도 견실한 상품을 비교적 저렴하게 하여 세계시장에 내어보냈다.

이것은 성공이었다. 미영불이 한국전쟁 이후, 평화산업으로 다시 복귀한 후에도 이 경쟁은 조금도 지장이 없을 만큼, 확고부동한 것이었다.

〈아데나워〉는 서구의 위기를 최대한 이용하면서 서독의 역할을 강조하여, 마침내 여러 일에 무조건으로 연합국의 인정을 받는바가 되었다.

그리하여 그는 제2차 대전의 패배가 가져온 모든 쇠사슬과 굴욕에서 벗어나 발언권 있는 독일로 등장시키는데 성공하였다.

독일의 재무장, 1955년 5월 5일의 NATO 가입 등이 그것을 단적으로 말하는 것이다.

그리하여 1960년대에 와서 이미 12개 사단의 상비군을 가진 실력국가가 되었고, 1957년 4월에는 NATO기구의 심장부라 할 수 있는 중구지상군 사령관에 자국인 〈한스 슈파이델〉 장군을 보낼 수 있게까지 발전하였다.

놀라운 위치전환이라 않을 수 없다. 어제의 패전국이 지금은 전승국의 군대를 지휘하게 되었으니 말이다.

이같이 독일은 제1차 대전에서도 그러하였지만, 언제나 10년 후에는 재기하였다.

〈위대한 독일〉

이는 참으로 전 세계인이 주목하는 대상이다.

〈천재란 노력의 결정〉이란 격언을 낳은 〈괴테〉의 모국에 합당하는 국민성이라 할 것이다.

우리는 흔히 〈라인〉강의 기적으로만 보려고 한다.

그러나 이 기적은, 〈괴테〉의 격언에서와 같이, 〈기적은 노력의 결정〉이라 할 것이 아니겠는가.

조국과 민족과, 그리고 독일의 역사 앞에 부끄러움 없는 노력!

그것은, 이 나라 사람들이 자기의 능력을 다함으로 결과(또는 報酬)된 환희요, 감격이요, 지고(至高: 더 없이 높음) 예술이라 할 것이다.

〈아니 땐 굴뚝에 연기 날까.〉

세상에는 공짜가 없고 불로의 소득이 있을 까닭이 없다.

〈우리는 무엇을 해야 할 것인가〉

남들은 이미 무엇인가를 이룩하여 놓고 사는데, 우리는 여기서 무엇을 하여야 할 것인가를 궁리하는 형편이다.

해방된 20년 전의 거창한 출발이, 별로 앞서 나가지도 못하고 있다.

아니, 그만큼 뒷걸음으로 달려가고 있는 것이 아닌가.

앞집에는 행복을 만끽하는 일본의 가정을 두고, 이웃동네엔 서독의 경우를 바라다보며 우리는 무엇을 느끼고 무엇을 결의해야 하는가.

언제까지 이렇게 앉아만 있을 것인가?

〈일어서자!〉

그 나라 사람들처럼 부지런하고, 싸움하지 말고, 노력하는 국민으로 행동하자.

그 길만이 사는 길이다.

남이 잘 사는 비법을, 다만 지식으로 삼는다거나 감상만 한다는 것은 얼마나 어리석은 노릇이랴.

제6장

우리와 미·일 관계

1. 한·미간의 관계
2. 한·일간의 관계

제6장

우리와 미·일 관계

1. 한·미간의 관계

　우리의 경우는 미국을 떠나서 논의될 수 없는 처지에 있다.
　1945년 8월 15일 이후 오늘에 이르기까지, 한시라도 이 관계를 잊어본 일이 없는 한국 국민이다.
　민주주의라는 사상적 세계에서나, 공동의 운명으로 맺어진 6·25 동란, 그리고 군사 경제면 등에서 더욱 그렇다.
　뿐만 아니라, 한국의 분단이, 미국을 비롯한 전승 제국의 전후조치에서 기인된 것이므로, 이 엄청난 비극을 걷어줄 책임이 미국에 또한 있다는 것을 알 때, 미국과 한국의 거리는 새삼스럽게 늘어놓을 필요가 없다.

　앞에서 본인은 미국의 원조정책에 얼마간의 비판과 분석을 가한바 있었다.
　그러나 그것은, 그때마다 강조한 대로 추호도 양국간의 우의에나 원조정신 자체를 훼손하려는 뜻이 아닌 것은 물론이다.
　이 점 국민제위의 양해를 다시 구하려 한다.
　어디까지나 혁명 이전에 있었던 주관적인 한국의 실정을 개괄적으로 비판하고, 그 결함, 미비된 제허점(諸虛點)을 캐어, 미국 원조의 효과적인 개선을 통하여, 양국간의 실효를 촉구하려는데 주안점이 있었을 뿐이다.

이러지 않고서는, 주는 측이나 받는 측에 하등 도움이 될 수 없기 때문이다.

기실, 한국으로 보아서는 원, 불원(願, 不願: 원하든 원하지 않든)을 막론하고 현실적으로 미국의 영향 하에 있음을 솔직히 부정 못한다.

1955년 이전, 즉 해방 직후부터 받은 각종 긴급 구제원조와 그 후 6·25 동란에 소요된 수십억불의 전쟁 수행비를 제외하고서도 미국은 1962년까지 7개년간에 약 20억불의 경제원조와 15억불의 군사원조, 도합 35억불이란 거액을 이 땅에 투자하였던 것이다.

우리는 이것으로 정부의 예산도 편성하였는데, 상당한 낭비가 있었고, 불합리한 점이 없지는 않았으나, 그래도 얼마만큼 경제시설이 이룩된 것도 사실이다.

이렇게 보면, 미국과 한국의 사정은 각별히 친한 처지에 있다.

그러므로 우리에게는 선의의 비판도 건설적인 이견도 있는 것이 아니겠는가. 이러한 비판, 이견은 자유롭게, 그리고 앞날에도 더욱 활발해야 할 것으로 믿는바이다.

왜냐하면, 그것이 장구한 안목으로 보아서 양국간의 이익을 도모하는 것이기 때문이다.

그렇다고 세부까지 파고들어, 소승(小乘: 시야가 좁고 옹졸함)적인 짜증은 삼가야 할 것이다.

그것은 예의 면에서도 그렇고, 상대편의 계획에 차질을 가져다 줄 우려 또한 있기 때문이다.

우리는 그러한 신념에서 양국간에 흉금(胸襟)을 털어놓고, 이 원조 문제에 대한 검토가 있기를 환영한다.

본인은 차제(此際: 주어진 기회), 미국에 대하여 몇 가지 의견을 말하려 한다.

이것은 한미 양국의 우호증진을 위하여 불가결한 요건이라는 점에서 어느 시기, 어느 누구에게든 한 번은 논의하여야 할 성질의 것이다. 혼자서 가슴에만 품고 있을 것도 없고, 설혹 이 의견이 미국에 다소 불만이 가더라도, 어차피 조만간 알려져야 할 문제라면, 그 시기는 빠를수록 좋은 것이다.

우리는 미국을 좋아한다. 자유민주주의의 제도가 그렇고, 우리를 해방시켜준 것이 그렇고, 공산침략으로부터 우리를 방위한 것이 그렇고, 경제원조를 주어서 그렇다.

그보다도 우리가 미국을 더욱 좋아하는 까닭은, 그와 같은 은혜를 주었으면서도, 우리를 부려먹거나, 무리를 강요하려 하지 않는다는 데 있는 것이다.

만약, 그러한 부당한 간섭이나 기미가 엿보였다면, 우리들의 태도는 이미 다른 방향으로 표시되었을 것이다.

이런 점에서 한국민의 신경은 참으로 예민하다.

이 신경의 발달은 금후에도 계속 더하여 갈 것으로 믿고 있다.

5천년 한국민족의 애국적인 유산이 바로 그것이기 때문이다.

미국은 그같이 우리에게 은혜로운 대상이다.

그러나 그렇다고 우리대로 할 말이 없을 수 있겠는가.

미국이 한국을 위하여 싸워주고 도와주는 것은 백 번 고맙지만, 이러한 결과(미국이 원조하지 않을 수 없는)를 한국이 면치 못하게 됨으로써 입는 우리의 고난은 세계사에서도 찾아보기 힘들 만큼 심대(甚大)하다는 것이다.

그 요인이 무엇인가.

〈국토분단〉이다.

이것은 물론, 미국의 단독 행위가 아닌 것을 모르는 바 아니나, 적어도 그 일단의 책임이 그 사람들에게 있는 것만은 사실이다.

이북(以北)은 소련과 중공과 손을 잡고 날뛰고 있으며, 이남(以南)은 이남대로 미국과 친하고 있기는 하다.

그러나 이러한 분단된 설음 속에 개인 가정의 비극, 국가 민족의 불행이 그 얼마인가.

이 분단은 동서 독일의 경우나 월남(越南: 베트남)의 경우와는 전연 그 성질을 달리하는 것이다.

패전국 독일로서는 불가피한 것이고, 월남의 예는 자체적인 내란의 산물이니 어찌할 수 없다 하겠지만, 우리는 일본에 시달렸고, 또 임정(臨政: 임시정부)이 연합국 편에 서서 투쟁한 교전국가가 아니었던가. 참으로 억울한 일이었다.

또한 우리는 6·25 동란을 잊을 수 없다. 이 모두가 분단의 씨로 부려진 소산(所産: 결과로 생겨난 것)이기 때문이다.

이 동란이 단순히 한국의 방위만을 주목적으로 치러졌다고는 생각할 수 없는 것이다. 그것은 곧, 미국을 비롯한 자유진영의 평화와 태평양지구 방위정책에 직결된다는 것을 앞에서도 지적한 바와 같다.

만약에 한국전쟁에서 우리가 불행을 당하였다고 가상하여 보자. 그랬더라면 공산권의 망동은 어김없이 전 아세아(亞細亞), 전 세계에 전쟁의 불씨를 던졌을 것이다. 그리하여 당장에 일본이 위태로웠을 것임은 물론이요, 소련의 잠수함은 오키나와(沖繩)기지를 위협하였을 것이다. 그렇게 되면 미국의 서부 방위선은 실질상 〈샌프란시스코〉 연안으로 후퇴하게 되었을 것이다. 뿐만 아니라, 빈곤과 집권층의 부패로 항시 불안한 약소 자유국가군의 동요는 얼마나 심했을 것인가.

이상 요약하여 보건대 한미 양국간의 관계는 그럴 만한 이유가 있기 때문에 파생된 결과라 할 수 있다.

이러한 기본정신에서 다시 몇 가지의 소신을 밝히고자 한다.

첫째, 미국은 서구식 민주주의가 우리의 실정에 맞지 않는다는 것을 이해해야 한다는 것이다.

백 보를 양보하여, 하나의 민족사회가 현대 자본주의 제도를 받아들일 수 있는 정도의 모든 요건이 갖추어져 있다고 하더라도, 그것은 그 사회의 전통과 문화, 그리고 자주국가인 이상 무조건 동화될 수는 없기 때문이다. 하물며 경제적으로 정치적으로, 사회 전반이 균형되지 못한 우리 현실에 그 제도의 실현을 기대한다는 것은 무리라 하지 않을 수 없다.

그것은 마치 연륜을 무시하고 하루아침에 성인되기를 바라는 어리석은 어버이의 심리와 같다. 그리고, 이러한 과정을 거치지 않는다면 유해한 부작용만 자초하는 것이 되고 말 것이다.

둘째, 민주주의의 이상과 경제원조의 정신적인 의욕은 높이 사는 바이나 그렇다고 이를 통하여 한국 사회로 하여금 일률적인 미국화를 기대해서는 안 된다는 것이다.

자유라는 이상과 미국의 경제적인 원조를 밑거름으로 하여 한국 고유의 주체성, 확고한 자아의식이 확립되고, 그 위에 자율적인 사회가 이루어져야만 비로소 미국의 참된 희망은 성취되는 것이요, 또한 외적과도 대결할 수 있는 견고한 방파제가 될 수 있을 것이다.

셋째, 군사, 경제면에 걸친 미국의 원조는 이왕에 줄 바에야 우리의 뜻에 맞도록 해 달라는 것이다.

물론 우리는, 미국의 경제 시책에 대한 실력을 못 미더워하고 있는 것은 아니다.

그러나 전술에서도 논급한 바와 같이 우선 먹고 입는 주의(主義)에서 장차 살아나갈 기틀을 잡기 위해 사용하여야 하겠다는 것이다. 말하자면 달콤한 사탕보다는 한 장의 벽돌을 우리는 원하고 있다는 말이다.

지금 우리의 관심은 경제재건 하나에 달려있다. 우리는 이 과업의 수행을 위하여 온갖 고통을 참고 있다.

미국은 차제, 과감하고도 대폭적인 원조를 함과 동시에 그 정책을 적극적으로 개선해야 할 때라고 믿고 있다.

현재 한국 국민은 무엇보다도 정국의 안정과, 확고한 정치 지도권의 확립을 요청하고 있다. 시비와 혼란은 원하지 않고, 다만 조용한 토론, 말없는 실천, 의욕적인 건설을 민중은 요청하고 있다.

우리는 미국시민의 과감한 서부 개척정신과 〈케네디〉 대통령의 〈뉴프론티어〉 정책을 존경한다.

이 정신, 이 정책이 고스란히 한국에서 실천될 시기가 바로 이때라고 본인은 믿고 또 기대하고 있는 것이다.

허술한 반공의 기치나 구호는 이미 한물갔다.

승공(勝共)의 첩경은 〈피와 땀과 눈물〉로만 자라는 〈경제의 재건〉, 이 하나에 달려있는 것이다. 이것은 오래 전에 이미 〈아데나워〉가 제시한 산 증거가 아닌가.

미국의 가일층한 이해와 관심을 촉구하여 마지않는다.

2. 한·일간의 관계

　한국과 일본의 국교재개는 해방 이후 10여년간의 숙제로 되어 왔다.
　그러나 최근 2, 3년에 와서 이 국교재개는 국제 외교무대상의 한 중요한 과제로 등장하였다. 이와 같이 하나의 국교문제를 가지고 10여년을 끌고 온 예는 외교사상 드물다.
　하여간 한일 국교의 정상화는 피차의 이익이나, 회담 자체의 본질적 성격상으로 보더라도 이제는 더 이상 오래 끌 수 없는 내외의 조건을 갖고 있다. 다시 말해서, 해결을 지어야 할 단계에 서 있다는 것은, 그만큼 태평양을 둘러싼 국제정세의 추이가 절박함을 뜻한다.

　그렇다고 우리는 일본의 과거 소행, 특히 법률상으로나 혹은 실제 부딪치는 여러 문제를 그대로 묵과하자는 것이 아니다.
　설혹, 우리가 재산상으로 주장하는 모든 것이 관철된다고 하더라도 수십년간 입어온 정신적인 타격은 일조일석(一朝一夕: 짧은 시간)에 가실 길이 없는 것이 아닌가.
　본인이 여기에서 명확히 말하고 싶은 것은, 일본이 완전한 자유세계의 일원으로서 진심으로 회개하고 당면한 내외 정세에 한국에 협조만 한다면, 불유쾌한 과거지사인 역사의 상처는 재론하지 않겠다는 것이다.
　그러나 일본은 해방 이후 단 한 마디도 그러한 과거의 죄악에 대하여 사과가 없었다는 것은 유감이라 않을 수 없다.
　더구나, 우리가 청구하는 최소한의 조건마저도 회피하고 있음은 문제의 해결에 전혀 성의가 없다는 것이 아니고 무엇인가.

재일교포의 법적 지위, 평화선, 어로협정 등에서도 그러하였지만 재산청구권에 와서 더욱 그렇다.

재산청구권이란 〈샌프란시스코〉 조약의 원칙에 의하여 해방과 동시에 자동적으로 우리에게 귀속되어야 할 우리의 재산을, 일본인들이 제멋대로 앗아간 그 재산을 돌려달라는 것이다. 즉,

① 일제하에 강제징병, 또는 징용이란 명목으로 일본 제국주의의 침략전쟁에 희생된 한국 국민에 대한 보상,
② 한국인 소유하고 있던 일본정부 발행의 국채, 저금의 상환,
③ 일본인이 한국은행에서 반출하여간 금괴와 행방 당시 소각한 한국은행 소유 일본 은행권과 일본에 있는 한은(韓銀) 재산의 반환,
④ 한국인이 소유하고 있는 일본 법인체의 주식, 기타 유가증권의 상환,
⑤ 한국인 선박의 반환,
⑥ 수천점의 문화재, 국보의 반환 등이 그 중요한 내용이다.

여기서 우선 금괴와 선박에 대하여 살펴보자.

해방 직전 그들은 당시 평가가격 15억원 상당의 금괴를 비밀리에 옮겨갔다.

그때 15억원은 해방 직후의 7 대 1의 환산율에서 보면 2억불에 해당되는 거액이다.

선박은 해방 당시 한국 연안에 있었던 것이 그 청구대상이다.

우리 청구 톤수는 16만톤으로 만톤급 16척에 해당하는 것이다.

이 두 가지만 보더라도 우리의 경제사정에 얼마나 영향 있는 청구권인가를 쉽게 알 수 있는 것이다.

이와 같이 우리가 청구하는 내역은 단지, 우리의 재산을 그대로 돌려달라는 것일 뿐 36년간 강제 점령에서 빼앗긴 〈일체의 반상〉(返償: 꾼 것을 되돌려 갚음))은 한 푼도 포함되어 있지 않은 것이다.

월남정부에 대하여는 7천만불의 점령 배상금을 지불하면서도 우리의 그 같은 정당한 재산청구에는 끝내 무성의한 채로 있으니, 도대체 이해가 안 가는 일본의 속심(속마음)이다.

그러나, 우리는 그간 대승적인 견지에서 이 회담의 조속한 타결을 위하여 노력하여 왔다. 그러나 그들의 성의는 언제나 입 언저리에서 맴돌았을 뿐이었다.

그러나, 양국 간은 이렇게 강을 두고 살아갈 수는 없는 일이 아닌가.

자유 태평양을 보전하기 위해서도, 아세아 10억의 유색인종의 내일을 위한 공동 관심으로서도, 피차에 등을 지고 살 수는 없는 일이다.

더구나, 우리의 경우는 더욱 그렇다. 구주공동시장(EEC)을 통한 자유구주의 통합운동, 중근동의 〈카사블랑카〉헌장 하의 〈아프리카〉 단결, 〈아랍〉세계의 통합운동, 그리고 최근에는 〈말레이시아〉의 탄생 등, 이러한 세계의 조직개혁에서 본다면 도저히 이대로 고립이나 대립으로는 살아갈 수가 없게 되어 있는 것이다.

흔히, 한일 양국관계가 흡사 지난날의 독·불을 닮았다 하는 이가 있으나 본인은 그렇게 생각하지 않는다.

왜냐하면 우리는 아직도 일본의 보다 적극적인 성의를 기대할 수 있다고 생각하기 때문이다.

제7장

조국은 통일될 것인가?

1. 민족의 비극 38선
2. 분단에 몸부림 친 18년사
3. 통일을 위한 우리의 각오

제7장

조국은 통일될 것인가

우리의 최대의 비원(悲願: 비장한 염원)은 조국의 통일이다.

통일!

단일 민족으로 연면(連綿: 혈통 역사 따위가 끊어지지 않고 잇닿아 있음) 5천년을 이 땅에 선조의 뼈를 묻으며 살아온 이 나라 백의동포(白衣同抱), 그러나 오늘은 날이 갈수록 낯이, 풍속이 자꾸만 설어지는 먼 이웃, 이웃들…….

이러다간 국토의 양단이 아니라, 종국에는 민족의 분단이 될까 두렵기만 하다.

1. 민족의 비극 38선

1943년 12월 1일, 〈에지프트〉의 〈카이로〉에서 미, 영, 중 3개국의 거두회담이 열렸다는 것은 국민제위가 잘 아는 일이다.

이 〈카이로〉 회담에서 결정된 한국의 자주독립은 그 후 1945년 7월 17일부터 8월 2일까지 열린 〈포츠담〉 회담에서도 승인되었다.

그러나, 불행한 국토분단은 일본군에 대한 점령사무를 핑계로 약정되고 말았다.

그러나, 그와 같은 절차가 끝났는데도 불구하고, 소련은 북한을 강점하고, 미군은 남한에 계속 주둔한 것이었다.

지금에 와서 이 같은 운명을 새삼스럽게 들먹이고 싶지는 않다.

국련(國聯: 국제연합 UN)을 통한 끈덕진 통일에의 소원도 번번이 소련의 거부권으로 묵살되는 이상, 외세에 의한 타율적 통일은 구두선(口頭禪: 말로만 떠들어대는 일)에 불과하다는 것을 또한 모르고 있지도 않다.

그러나, 언젠가 한 번은 이루어지고 말 것을 우리는 믿고 있다.

왜냐하면, 우리의 피 속에 약동하는 민족적인 감정이 가시지 않는 이상, 우리는 조국이나 민족을 언제나 생각하고 있기 때문이다.

아무리, 해방둥이가 늙어서 한평생을 다하는 동안 이쪽저쪽을 보지 못한다 하더라도, 그들은 틀림없이 조국의 통일만을 유언할 것이기 때문이다.

또한 이들 만큼 통일을 희구(希求: 바라고 요구함)하는 세대도 없을 것이다.

이같이 우리의 통일열은 해가 갈수록 젊어질 것이다.

그러므로 우리는 잠시라도 절망할 필요가 없다.

우리 당대에서 못 이루면 자대(子代: 아들대)에서, 아들대에서 불가능하면 손자대에서, 우리의 염원은 틀림없이 풀려질 날이 있을 것을 믿고 있다. 우리의 후손이 우리의 한(恨)을 꼭 풀어주고, 이 한의 소인(素因: 근본 이유)들도 꼭 제거해 줄 것을 우리는 믿고 있다는 말이다.

그렇다고 우리는 그저 내일로 이 일을 미루어 놓을 수는 없다. 통일에 대한 연구와 그 방안은 얼마든지 장려되어야 할 일이다.

2. 분단에 몸부림친 18년사

해방이 되고 곧 독립이 실현될 줄 알았다. 그러나 1945년 12월 하순의 삼상회의(三相會議: 소련 모스크바에서 열린 미국, 영국, 소련 외무장관 회의)에서 결정된 미, 영, 소, 중의 신탁통치안이 발표되자, 국민들의 반대감정은 드디어 폭발하였다.

이들 4개국은 이 결정의 실천을 위하여 미소공동위원회를 설치하여 그대로 강행하려 하였다.

그러나 결국은 민중의 반대로 좌절되는바 되고, 1947년 9월 17일에, 미국은 제3차 국련총회에 〈UN 한국임시위원단을 파견하여 자유총선거를 실시할 것〉을 제의하여 압도적 다수로 결의를 보게 되었다.

그러나 북한의 반대에 부딪쳐 결국 UN 감시 하 남한만의 총선거로써 대한민국이 수립되었다. 신헌법이 공포되기는 1948년 7월 17일, 그리고 8월 15일에는 해방 3주년을 경축하는 겸 정부수립을 전 세계에 선포하였다.

그 후 제3차 국련총회는 48 대 6으로 한반도에서 〈대한민국〉의 유일한 합법정부임을 승인하였다.

사태가 이렇게 되자, 총선거를 거부한 소련 당국은, 1948년 9월 9일, 북한에 최고인민위원회를 소집하여 그 결의로써 소위 〈조선인민공화국〉을 수립하였다.

이렇게 됨으로써, 〈포츠담〉 선언의 〈일시 일본군 무장해제란 명목〉 하의 38선은 영원한 국경 아닌 국경으로 굳어 버리게 된 것이다.

1950년 6월 25일에는 남한을 강점하려는 공산도당의 남침이 있었다.

아무런 군비(軍備)가 없던 우리는 밀려 내려갈 수밖에 없었다.

그러나 이 사태는 한국의 국내 문제에 그치는 것이 아니고 세계평화에 대한 정면 공격으로 간주하고, 미국을 비롯한 자유진영은 때를 놓치지 아니하고, 6월 25일, 27일에 국련 안전보장이사회를 소집하여 남한에 침입한 북한군의 철퇴를 요구하기에 이르렀다.

그러나 북한군의 야욕이 그칠 리가 없었다.

그리하여 7월 7일 세계사상 처음으로 UN군을 조직하고 한국 출병을 단행하였다.

〈더글라스 맥아더〉 장군을 사령관으로 하는 국련군은 적을 몰아 북한 전역을 해방하게 되었으나, 11월 2일 중공 침략군의 인해전술로 절호의 통일기회는 무너지고 말았다.

전쟁은 결국 휴전으로 끝났다.

1953년 7월 27일 한민족의 한을 남긴 채 휴전조약은 맺어지고 말았다.

그러나 한국의 통일문제는 이때를 비롯하여 점고(漸高: 점차 높아짐)되어 갔다.

1954년 5월 22일 〈제네바〉 회담에 참가한 우리 대표는 한국통일 14개 항목을 제의하여 16개국의 찬성을 얻었으나, 공산 측의 거부로 실패하였다.

〈통일, 독립, 민주 한국의 수립을 위하여 국련 감시 하에 진정한 자유선거를 실시하며, 이와 같이 하여 선출된 국회의원은 한국의 인

구에 비례하여 대표된다.〉

이 같은 내용의 이 안은 1954년 12월 11일, 국련총회에서 보고 승인되고, 그 후 1955년, 1956년, 1957년, 1958년, 1959년에도 계속 일관된 안으로서 추인되었다.

국련과 한국이 한결같이 공동의 초점을 지향하자, 이북 도당들은 마지못해 엉뚱한 흉계를 드러내는 소위 통일방안을 제의하여 왔는데, 이것이 곧 〈외군철수 후의 자율적인 평화통일론〉이다. 그리고서 북괴는 이를 뒷받침한 것이라 하면서, 뒷집에 도둑 숨긴 격으로 된 중공군 철퇴를 나팔 불었던 것이다.

그러나 그로부터 오늘에 이르기까지 양측의 통일 방안에는 상당한 변화를 가져온 것도 사실이다.

〈북진통일안〉이 〈14개의 항목〉으로 수정되었고, 〈외국군의 철수〉를 전제로 삼았던 북괴측도 〈중립국 감시 하의 총선거〉로 바꾼 것이다.

또한 국련이나 미국 측의 태도 역시 상당한 변화를 가져온 것도 주목할 일이다.

제16차, 제17차 국련총회에서 남북한 대표 동시 초청을 요구한 몽고(蒙古: 몽골) 제안에 대하여, 지금까지 〈무조건 참석을 반대〉하던 자유진영이 〈국련의 권능과 권위를 수락〉하는 조건으로 북한을 동시 초청하자는 태국, 희랍(그리스)의 공동제안을 지지하게 되었다는 사실이다.

이것은 지난 총회에 비하여 180도의 전환을 가져왔다는 것을 뜻한다.

이것은 무슨 까닭에서였을까?

그것은 그만큼 한 해 사이에 세계 질서의 변동이 많아졌다는 것을 간접으로 표시하는 것이 된다. 〈아시아〉, 〈아프리카〉를 연결하는 아아(亞阿)세력이 40여개국으로 집단 되어 국제외교에 진출함으로써, 동서 양진영의 양극 중간에 제3세력을 형성하고, 그 여파가 한국의 통일문제에까지 반영되었다는 것으로 해석하여도 과(過)히 어긋남이 없을 줄로 안다.

3. 통일을 위한 우리의 각오

우리의 통일을 위요(圍繞: 지역이나 현상을 둘러쌈)한 국제연합의 동향은 서상(敍上: 앞서 말하거나 씀)한 바대로이나, 그간의 상황에서 우리는 무엇을 느끼고 또 어떤 일을 결심해야 할 것인가.

첫째, 이상의 개요에서 본 바와 같이, 한국 통일문제에 관한 국련의 동태는 항시 유동적일 뿐만 아니라, 근자에 와서는 상당한 격동을 일방(一方)에서 일으키고 있다는 것이다.
즉 미국을 비롯한 서방측은 제15차 국련총회를 기점으로 하여 두 가지 면에서 중대한 변화를 보여주고 있다.

그 하나는 미국, 〈캐나다〉 등을 중심으로 하는 일련의 새로운 모색이 10년간의 지론인 〈국련 감시하의 총선거〉를 지양하고, 새로이 〈국제 감시하의 총선거안〉을 진지하게 검토하게 되었다는 것이다. 또 다른 하나는 상기(上記)한바 있는 북한 초청안을 정면으로 거부하는 대신, 절차법을 통하여 이를 막으려는 전략으로 전환하게 되었다는 것이다.
이 지론이나, 기본전략의 변화는 서방측이 자진하여 취한 능동적인 것이 아니고, 어디까지나 국제정세의 양상에서 비롯된 것이라고 보는 것이 타당할 것이다. 우리가 다 아는 사실로서 제2차 대전 후에 수많은 민족이 해방되고 독립, 자치를 얻었다.
이 수많은 신생국가는 집단적으로 제3의 세력으로 대두되어가고 있다.

또한 우주과학의 발달은 점차 전쟁 무용론으로 현실화되어 가고, 이것이 소련과 중공의 이념투쟁으로도 발전되었다.

동서가 전쟁을 피하고 평화공존으로 나아가려는 움직임도 보인다.

여기서 우리가 생각할 것은, 19년 전, 한국의 분단이 불과 3개국 강대국가의 비밀회담에서 결정되었다는 일이다.

한 국가의 운명이 이와 같이 몇 나라의 기분으로 망쳐질 수 있는 문제일까?

이런 억울한 일들을 배제하기 위하여서도 우리는 국제 이면외교는 물론 전반적인 국제 정세의 관찰에 민감 정확하여야 하고, 그와 같이 무시할 수 없는 중립진영 제3의 세계에도 부단한 관심을 집주(集注: 한곳에 힘을 쏟음)하여야 할 것이다.

혁명정부가 과거의 고식주의(姑息主義: 당장 탈이 없이 편안하길 지향하는 것) 외교에서 탈피하여 중립진영, 특히 아아(亞阿: 아시아, 아프리카) 〈블럭〉에 관심을 가진 까닭도 그런 이유에서였던 것이다.

둘째, 우리는 이와 같은 대외적 여건을 고려하고, 또한 우리의 통일문제가 주관과 객관의 혼합 속에 그 귀결이 조정될 수밖에 없는 현실을 상기하면서, 언제 어떤 사태가 어떤 형태로 제기된다 하더라도 미동(微動: 조금 움직임)도 하지 않고, 또한 즉각적으로 대처할 수 있는 견고한 대내 체제의 확립에 주력하지 않으면 안 된다는 것이다.

정치, 경제, 사회, 문화가 안정되어 획기적인 신흥 실력국가로 육성된다는 것은, 이에 더 바랄 수 없는 통일에의 확실한 방책이라 할 수 있다.

혼란한 정국, 무정부상태의 사회, 공백상태의 경제적 파탄을 지닌 채, 불시에 통일이라는 현실에 직면하고 본다면 우리는 어떻게 될 것인가.

본인이 혁명의 결실을 절실히 희구(希求)하는 까닭이 여기에 있는 것이다.

우리는 항시, 이러한 긴장에서 풀려나서는 안 될 것이다.

강력한 정국의 안정, 신사회의 질서 확립, 민족의 총력을 경제건설에 집주하여 실력으로써 공산주의를 이길 수 있는 진실한 터전을 축조하지 않으면 안 된다.

셋째로, 본인은 통일 독립에 대한 국민의 부단한 관심이 제고되어야 하겠다는 것을 강조하는 바이다.

사실 해방 후 19년간은 정작 해야 할 건설은 도외시하고 허망된 자유추구와 정쟁만을 일삼은 공백기라 할 수 있다. 이 동안에 경박한 외국의 풍조가 이 땅을 휩쓸었고 모든 불안은 국가관념이나 주체의식을 상실케만 했고, 따라서 민족정기는 쇠퇴일로에 있었던 것이 아닌가.

조국의 통일문제는 자나 깨나 잊을 수 없는 일이다.

우리 민족의 앞날, 중흥 창업은 분할된 국토와 분리된 동포가 함께 뭉쳐 통일됨으로써 비로소 기약될 수 있을 것이다.

자라나는 세대로 하여금 불붙는 그 정열에 더욱더 통일에의 결의를 제고하기 위하여는, 저 임진강 북녘에서 몸부림치는 형제자매들의 피맺힌 소원을 가슴에 아로새겨 주어야만 할 것이다

제8장

우리는 무엇을 어떻게 할 것인가

1. 5천년의 역사는 개신되어야 한다
2. 새 정치 풍토의 마련
3. 자립경제의 건설과 산업혁명
4. 이상혁명과 민주적 현실
5. 조국의 미래상
6. 친애하는 동포에게

제8장

우리는 무엇을 어떻게 할 것인가

1. 5천년 역사는 개신되어야 한다

〈국사대관〉(國史大觀: 1948년 이병도작 한국 역사서)의 서두에 다음의 글이 있다.

〈사람의 고귀한 점은, 문화의 창조와 진보에 있다. 문화의 창조와 진보는 자기의 과거를 회고하고 반성하고 비판하려는 데서 생기는 것이다.

사람의 생활에는 원래 과오와 결점이 많다.

그러나 과오를 과오로, 결점을 결점으로 알아, 다시는 그것을 되풀이하지 않고 자기의 현실을 보다 나은 상태로 개선 향상하려는 데서 진보 발달이 생긴다. 여기서 위대한 문화가 발생하는 것이다.

즉, 인류는 역사를 갖고, 역사를 토대로 삼아 자기보전, 자기발전, 자기완성의 길에 매진하는 것이다.〉

그러면 우리는 우리의 역사를 회고, 반성, 비판할 때, 무엇을 느끼게 되는 것인가.

역사를 정돈하고 위대한 새 역사를 창조하기 위한 정신적인 새로운 터전을 마련하지 않으면 안 될 것이다.

1) 퇴영과 조잡과 침체의 연쇄사

한무제 동방침략의 고조선시대에서부터 고구려, 신라, 백제의 삼국 정립시대, 그리고 신라의 통일시대를 거쳐 후백제, 후고구려, 후신라의 후삼국시대, 다시 통일고려시대에서 조선 5백년에 이르는 우리의 반만년 역사는 한 마디로 말해서 퇴영(退嬰: 뒷걸음질)과 조잡(粗雜: 언행이 거칠고 막됨)과 침체(沈滯)의 연쇄사(連鎖史)였다 할 것이다.

어느 한 시대에 변경을 넘어 타(他)를 지배하였으며, 그 어디에 해외의 문물을 널리 구하여 민족사회의 개혁을 시도한 일이 있었으며, 통일천하의 위세로써 민족국가의 위세를 밖으로 과시한 적이 있고, 특유한 산업과 문화로써 독자적인 자주성을 발양(發揚: 기운을 펼쳐 일으킴)한바가 있었던가. 언제나, 강대국에 밀리고, 맹목적인 외래문화에 동화되거나, 원시적인 산업의 범위 내에서 단 한 치도 나아가지 못하였으며, 기껏하여 동포상잔에 영일(寧日: 평온한 날)이 없었을 뿐 아니라, 고식, 나태, 안일, 무사주의로 표현되는 소아병적인 봉건사회의 한 축도(縮圖: 줄인 그림)판에 불과하였다.

이제 여기서 그와 같이 두드러진 우리 역사를 차분히 해부하여 보기로 하자.

이는 어디까지나, 우리 역사의 과거를 회고하고 반성하고 비판함으로써 새로운 문화와 진보를 이룩하려는 데 있다.

첫째, 우리 역사는 앞에서도 말하였지만, 자초지종(自初至終: 처음부터 끝까지) 남에게 밀리고 거기에 기대어 살아온 역사다.

고조선시대 한무제의 침략을 받아 그들의 봉령(封領: 지도층이 내린 땅)으로 낙랑, 진번, 임둔, 현도의 4군을 설치 당한 데서부터 시작하여, 고구려, 신라, 백제의 삼국시대에 있었던 수, 당의 한민족 침략, 당의 지원을 받은 신라의 통일과 고구려 유민의 발해국 창건 및 그 반목, 고려조에 있었던 거란, 몽고, 왜구 등의 침입, 조선 중엽까지의 임진왜란, 병자호란을 거쳐, 그 뒤의 청일전쟁을 전후한 삼국의 간섭을 끝으로 일본의 단독 침략으로 마침내 대한제국이 종막(終幕: 일의 끝판)을 고할 때까지 이 나라의 역사는 하루도 평안한 날이 없이 외세의 강압과 정복의 반복 밑에 겨우 생활 아닌 생존을 연장하여 왔다.

그런데 딱한 일은, 이 장구한 수난의 역정 속에서도, 단 한 번도 형세를 반전하여 밖으로 밀고 나아가 국가의 실력을 펴보지 못하였다는 것이다.

그리고 언제나 이러한 침략은, 반도라는 지역적인 운명이나, 우리의 힘이 부족해서 연유된 것이 아니고, 거개(擧皆: 대부분)가 우리들이 불러들인 것이 되고 있다.

또한 외세에 대하여 우리가 일치하여 대항도 없었던 것은 아니나, 많은 경우에서는 적과 내통하고 부동(附同: 줏대 없음)하는 무리를 볼 수 있었던 것이다.

스스로를 약자시하고 남을 강대시하는 비겁하고도 사대적인 사상, 이 고질, 이 악유산을 거부하고 발본(拔本: 근원을 뽑아 버림)하지 않고서는, 자주나 발전은 기대할 수 없을 것이다.

둘째, 우리의 당파(黨派) 상쟁(相爭: 서로 다툼)에 관한 것이다.

이것은 세계에서도 드물 만큼 소아병적이고 추잡한 것이다.

이런 점에서는 중세기까지 우리의 선조들은 비교적 활달하고 남성적인 기질이 있었으나, 조선에 들어서면서 점차 그 기상(氣像: 타고난 기개나 마음씨)은 자취를 감추게 되었다.

불교에서 유교로 문물의 제도가 바뀜에 따라 그것은 급진적으로 민족의 자주적인 기개를 좀먹었다. 당쟁, 파쟁은 참으로 사소한 일에서 시작되었음은 역사에서 우리가 지실(知悉: 상황을 자세히 앎)하고 있는 터이다.

심의겸(沈義謙: 조산 중기 문신, 명종의 계비 인순왕후 동생)과 김효원(金孝元: 조산 중기 문신, 젊은 선비 사이 명망이 높았음)의 참으로 사소한 대립이 〈동인·서인〉으로, 동인은 다시 〈남인·북인〉으로, 북인은 다시 〈대북·소북〉으로, 대북(大北)은 다시 〈육북(肉北)·골북(骨北)〉으로 갈라지고, 소북(小北)은 별도로 〈청(淸)소북과 탁(濁)소북〉이 되고, 후에 와서 남인은 〈청남과 탁남〉으로, 서인은 〈청서·훈서·소서·노서〉로 분열되고, 노론 소론의 학파가 일어나고, 소론은 다시 〈벽파와 시파〉로 갈라지는 등 참으로 어떤 계보가 어떻게 되었는지 갈피를 잡지 못할 분열상이다.

이 이후의 역사가 어떻게 굴러 왔는가. 그것은 여기에 더 이상 설명이 필요 없는 것이 아니겠는가.

이조(李朝)는 결국, 이 당파싸움에서 날이 새고 지다가 망국의 비운을 맛보게 된 것이었다.

2) 개신(改新)의 시점에 서서

〈언〉(言)으로는 수(首: 우두머리)를 가고, 〈행〉(行)으로는 말(末: 끝, 꼭대기)을 차지하면서, 거기다가 시비와 패거리라면 창자를 움켜쥐고 달려들었던 이 고약한 유전을 우리는 이제 거부할 때도 되지 않았는가.

소영웅주의적인 소인벽(小人癖: 소인 버릇)을 청산하지 않고서는 결코 대국적인 금도(襟度: 남을 포용하는 도량)나, 대승적인 단합은 불가능한 것이다.

셋째, 우리는 자주, 주체의식이 부족하였다.

우리의 파란 많던 역사의 그늘에서 정착할 수 없었던 문화, 정치, 사회는 마침내 〈우리의 것〉을 잃었고, 대신 〈남의 것〉을 우러러보게 되고, 거기에 영합하는 민족성으로 나락(奈落: 절망적 상황으로 굴러떨어짐)하게 되었다.

여기에 대해서는 상세하게 전항에서 논급하였으므로 생략한다.

우리에게 다만 남아있는 〈우리의 것〉은 〈한글〉(훈민정음)밖에 다른 무엇이 뚜렷한가. 우리는 조속히 우리의 철학을 창조해야 하고 독자적인 문화의 형성에 나가지 않으면 안 된다.

왜냐하면 이 철학이나 문화는 민중의 길잡이가 되기 때문이다.

넷째, 경제향상에 조금도 창의적인 의욕이 없었다는 것이다.

국민제위가 아는바와 같이, 우리가 잠자고 있는 동안 세계는 재빨리 자국의 경제향상에 눈부신 활동을 전개하고 있었다.

그러나 우리는 해외진출은 염두에도 두지 않고 기껏 앉아서 새끼나 꼬고 있었을 뿐이 아니었던가.

고려자기 등이 겨우 민족문화재로 남아 올 뿐이다.

그것도 겨우 귀족들의 취미에 그치고 있었을 뿐이었다.

그러나 이것도 도중에서 명맥이 끊어졌으니 답답한 일이다.

경제생활에 주가 된 것은 단지 농업생산뿐이다.

〈농(農)은 천하지대본〉이라, 그것도 먹기 위한 목적이 아니었다면 이것마저 도중에 폐지되었을는지도 모를 일이 아닌가.

우리는 이 같은 경제적인 국민성을 근본적으로 개조하는 경제지상 관념에 입각할 수 없다면, 우리가 목표하는 강력한 민족국가 건설은 한갓 공염불에 불과하다 않을 수 없을 것이다.

이상과 같이 우리 민족사를 고찰하여 보면 참으로 한심할 수밖에 없다. 물론 어느 한 시대에는 세종대왕, 이충무공 같은 만고의 성군, 성웅도 계시지만, 전체적으로 돌이켜보면 다만 아연(啞然: 입을 쩍 벌린 모양)할 뿐, 막막할 따름이다.

우리가 진정 일대 민족의 중흥을 기하려면 우선 어떠한 일이 있더라도 이 역사는 전체적으로 개신되지 않으면 안 된다.

이 모든 악의 창고 같은 우리의 역사는 차라리 불살라 버려야 옳은 것이다.

우리는 막연한 미련이나 허술한 역사의 연륜만을 자랑할 수는 없다.

대담한 새 출발이 있지 않으면 우리의 발전은 끝내 저해되고 말 것이기 때문이다.

우리는 정말 새로운 결의가 있어야 하는 것이다.

백 가지의 이론보다 한 가지의 실천이 요망되고, 즐거운 분열보다는 괴로운 단합이 있어야 하고, 남을 꺾느니보다는 도울 줄 알고 아낄 줄 알아야 한다.

슬기롭고, 근면하고, 견고한 의지와 새로운 정리가 요청된다.

그렇지 않고서는 우리의 새 역사는 도저히 이루어질 수 없기 때문이다.

이것이 당대의 사명을 짊어진 우리들의 의무가 아닌가?

2. 새 정치 풍토의 마련

정치는 국가 사회 전반사에 관한 기초적인 시발이자 그 결과다.
그런고로 이 정치 자체가 먼저 올바른 위치를 차지하지 않는다면 여타의 문제는 가히 미루어 짐작될 일이다.
우리의 역사나, 구정권시의 모든 불합리한 결과가 모두 이 정치의 부패 또는 무능에서 기인되었음은 재론할 필요도 없는 사실들이다.
본바탕이 빈토(貧土: 척박한 땅)인데 어찌 거기에 알찬 수확을 기대할 수 있다는 말인가.
그러므로, 새로운 정치 풍토의 마련은 실로 국가의 기틀을 잡는 길이라 하여도 좋을 것이다.

그러면 당면한 한국정치에 있어 새로운 풍토의 마련이란 무엇인가.
일체의 전근대적인 봉건 요소를 탈피하게 하고, 체질의 개선, 세대교체 등 허다한 과제가 있다.
이러기 위하여 본인은 다음 몇 가지 소신을 피력하려는 것이다.

첫째, 과거의 〈사람 중심〉을 앞으로는 〈이념 중심〉에로 키를 돌려 잡으려는 것이다.
정당, 정치 활동이 지금까지는 이념 중심이 아니고 단지 몇몇 특정 인물의 구심력으로 유지되던 집단 활동이었다.
그러므로 그러한 결과는 정당이란 긍정적인 〈이념〉, 〈의식〉의 연결체가 아니라, 막연한 〈감정〉의 오합체(烏合體: 오합지졸, 무질서한 병졸)일 수밖에 없었다.

이러니 공당은 이름뿐이고, 모두가 붕당(朋黨: 이익을 함께하는 결합체)으로 타락될 수밖에 달리 도리가 없었던 것이 아닌가.

붕당이란 두말할 것도 없이 국가나 민족을 위한 것이 아니고, 오직 하나의 개인과 개인의 이익에 얽매이는 영합체(迎合體: 뜻이 맞은 조직)이다. 이것이 자기 당 외의 타(他)를 배척하게 되는 것은 당연한 이치이다.

이 붕당은 언제나 정치를 타락하게 하는 불씨이다.

그들은 외관상, 형식상으로는 일단 정당의 체제를 가장한다.

그러나 하는 일이란 공익성을 떠나 순전히 자체의 이해에만 몰두하게 되는 것이다. 따라서 이들은 언제나 정권의 쟁취에만 목표를 두게 된다.

수단과 방법이 있을 수 없고, 닥치는 대로 소위 극한투쟁을 마치 정치의 상도(常道: 지켜야 할 도리)처럼 자행한다.

또한 이들은 그와 같은 잠재욕구를 충족시키기 위하여 국민 대중에게 이념을 밝히기 전에 감언(甘言: 듣기 좋게 꾸미는 말)과 선동을 무기로 시위한다.

우리 국민이 지금까지 고생한 것은 선거를 잘못하여 〈사서 고생〉하였다는 말이 바로 이것을 뜻하는 것이다.

우리가 〈사람 중심〉의 붕당으로부터 〈정쟁 중심〉의 공당으로 전환하여야 한다는 것도 그와 같은 〈검은 속심〉을 사전에 방지하자는 데 목적이 있다.

붕당은 〈사람〉과 〈계보〉와 〈이해관계〉의 영합에서 이루어지지만, 공당은 〈철학〉과 〈이념〉, 〈정책〉이 주(主)요, 그 다음이 〈사람의 실력〉

으로 이루어진다.

붕당은 그 문이 편협적이고 배타적인데 대하여, 공당은 개방적이요, 보편적인 데서 구별되기도 한다.

또한, 붕당은 대개 감정적이요, 비타협적이며 파괴적이나, 공당은 이성적이고 협조적이고 건설적이다.

붕당은 그 신진대사가 봉건적이고 계보적인데 비하여, 공당은 그것이 진취적이며 능력 본위이며, 붕당은 그 운영이 비밀적인데 반하여, 공당은 공개적이며 활달(豁達)한 것이다.

실로 공당과 붕당은 이같이 판연(判然: 명백히 드러나 있는 모양)한데, 우리는 어찌하여 붕당만을 집권하게 하였던 것일까.

그도 그럴 것이, 그러한 구정객들은 한결같이 자당이야말로 천하 공당이라 우리를 속였기 때문이다.

우리는 앞으로 과연 어느 당이 공당이고 붕당인가를 판별할 수 있는 정치적인 안목을 길러야 할 것이다.

붕당이야말로 시대적인 개혁을 저해하는 대적이 아닐 수 없고, 봉건적인 잠재성의 최후 장벽이며, 독단과 부패와 음모의 온상이요, 또한 혼란과 분열과 파쟁의 곳간이며, 일부 반동 권력층의 복마전이다.

이 붕당의 타파와 공당의 육성, 이것이 바로 한국 정치가 직면한 급선무이다.

둘째, 한국적인 신지도이념의 확립이다.

우리에게 지금 큰 애로가 되고 있는 것은 지도이념의 결핍이다.

지도원리로서 지금까지 우리 사회에 있어 온 것은, 전근대적인 봉건사조와 사대적 의타(依他: 남에게 의지하려는 것)관념의 두 가지 형이었다.

여기에 대하여는 기회 있을 때마다 언급하였으므로 재론 않기로 하고, 다만 적어도 한 사회의 지도자가 되려면, 자신의 인생관의 확립과 함께 지도이념에 신념을 가져야 하는 것이 선결요건이어야 할 것이다.

특히 서구적인 민주주의의 직수입이 한국적인 체질에 여하히 작용할 것인가에 이르러서는, 이 지도이념은 바로 애국의 이념과도 통할 수 있는 것이다.

교도민주주의((敎導民主主義: 형식적 민주주의, 실제는 국가 권력이 국민을 계도·통제)이건, 규범민주주의이건(規範: 정치 현실과 무관하게 인간의 권리, 자유, 평등, 복지에 중점), 이것 또한 지도이념에서 택하여질 수 있는 것이다.

그러므로 신민족사회 건설에 있어 그 지도자는 먼저 자신의 이념 확립이 선무(先務: 제일 먼저 해야 할 일)되어야 할 것이다.

셋째로는 세대교체에 관한 것이다.

정치적인 지토(地土: 바탕)가 마련되고, 지도원리가 확립되었다 하여도 결국 정치를 하게 되는 것은 〈사람〉이다.

그러므로 이 사람의 사고나 행동이 불비(不備: 잘 갖추어지지 못함)하다면 만사휴의(萬事休矣: 헛수고로 돌아감)다.

우리는 이 〈사람〉을 얻기 위하여 세대의 교체를 주장한다.

이 교체의 범위나 그 방법은 인사에 관하는 이상 상당한 연구와 주의가 지불되지 않으면 안 된다.

여기에는 첫째, 시대의 기운이 수반되어야 하고, 인위적으로는 집권세력의 강력한 지원과 국민적인 요청을 통한 선량(選良: 선출된 인재 즉 국회의원)의식의 고도화, 그리고 퇴진대상의 자진 후퇴, 자아 겸양에 맡기는 도리밖에 없다.

물론 실제 방법으로서 우리가 추출할 수 있는 것은 정치력으로, 즉 인위적인 집행이다.

그러나 이와 같은 방법은 불행하다.

여기에는 오직 국민들의 자각으로 구정치 세력을 도태(淘汰: 불필요한 것을 가려 버림)시키는 방법이 가장 이상적이다.

그러나 시급한 한국의 실정에서 본다면 이것은 너무나 고답적(高踏的: 현실과 동떨어진)인 이상론에 불과한 것이다.

여하간, 새로운 정치풍토의 확립을 위해서는 국민의 중견층과 서민의 대표세력이 하나의 시대적인 신흥세력으로 진출하여 이념상, 정책상, 사회 운용상에 전기를 마련하는 주인공으로 각광받아야 할 것이다.

이것은 새 역사의 엄숙한 요청이요, 시대와 민중의 희구이다.

본인은 이 나라와 신민족 사회의 창건을 위하여 이와 같은 신세력의 진출을 크게 열망하여 마지않는 바이다.

이리하여 우리들의 정치풍토에는 다시는 전날과 같은 독선, 부패, 무능이 기식(寄食: 빌붙어 먹고 지냄) 못하게 하고, 분파와 파쟁이 없고, 소영웅주의자와 매명행상(賣名行商: 이름을 팔며 돌아다니는 도붓장사)들을 일소하고, 실천하고, 성실하며, 협조하며, 건설하는 미풍을 심지 않으면 안 된다.

이 청신한 신사조의 바탕은 민족 제일주의, 경제 우선주의의 생활상 실제관념이 새로운 민족국가 사회의 영원하고 줄기찬 통념이 되어야 한다.

3. 자립경제의 건설과 산업혁명

자립경제의 건설과 산업혁명의 성취 여부, 이것은 실로 혁명을 통한 민족국가의 일대 개혁과 중흥창업의 성패 여부를 판가름하는 문제의 전부이며, 그 관건이다.

1) 경제 위기와 혁명의 목표

우리가 2차에 걸친 혁명을 겪은 소이(所以: 까닭)도 필경(畢竟: 결국에)은 이 경제의 빈곤에서 온 것이며, 또한 이 경제사정을 개선하려는 절대한 국민적인 욕구의 폭발에서였다.

정녕, 우리가 이대로는 살 수 없는 것이고, 끝내 이 상태대로 나간다고 하면, 앉아서 굶어 죽거나, 국가의 파멸을 눈앞에 보지 않으면 안 될 것이다.

우리는 확실히 가진 것이 없다.

아니, 할 일이 있어도 하려고 하지 않았다.

우리의 개인생활이나 국민경제, 국가산업은 비참한 형편에 있었고, 앞으로 나아가는 것이 아니라 날이 갈수록 뒷걸음만 쳐 갔으며, 따라서 언제나 늘어나는 것은 채무와 부담밖에 아무것도 없었다.

진정, 〈공백상태〉 그것이었다.

이러므로 부익부, 빈익빈의 현상이 나타나고, 실업자의 홍수, 기아 등 이루 말할 수 없는 비극이 나타났다.

이러면서도 한국에는 기현상이 일어났다.

민주주의를 빙자한 서구의 노라리(건들건들 놀며 세월 보내기, 날라리)풍을 타고 소비에만 지향한 결과, 연년 증가하는 국제수지의 역조와 연간 70만명의 인구 증가는, 결정적으로 한국 경제의 암담한 귀결을 예고하였다.

그런데 이러한 상태가 사실은 1945년 이래 35억불, 휴전 후 25억불의 막대한 미국원조를 받고 있으면서도 나타난 현상이란 것에 주목해야 할 것이다.

우리는 그만한 돈을 다 어찌하고 이 모양으로 살지 않으면 안 되었던가.

미국의 원조를 받아 온 각국이 저마다 자치와 부흥의 궤도를 매진하고 있을 때, 10대 수원국(受援國: 원조를 받는 나라) 중 4위를 차지하였다는 한국만이 유독 그 잘 사는 대열에서 낙후한 원인은 무엇인가.

우리는 얼마간의 건설된 공장마저 수입원료, 수입중간제품, 가공류의 것으로 원조 의존도만 높여 놓았을 뿐, 농업국인 한국이 매년 식량난을 당해야 하였고, 막대한 불(弗)원조를 받았으면서도, 항상 외환부족에 울지 않으면 안 되었다.

20억불 달하는 경제 원조, 15억불에 오르는 군사원조로 지탱되어 온 한국의 경제체제와 60만의 군력 유지 때문에 그래도 그만큼 원조가 있어온 힘이라 할 것이다. 그렇지 않았으면 우리의 오늘 형편은 어떻게 되었을까.

온갖 생각이 든다.

1956년부터 1962년까지 7개년간의 원조 총액은 연평균 경제원조가 약 2억8천만불, 군사원조가 약 2억2천만불인데, 이러고 보면 연평균 약 5억불의 계산이 된다.

환언(換言)하면, 한국의 경제가 완전히 자립하자면 군사 면을 제외하고도 순(純)경제원조의 2억8천만불과 구정권 말기까지의 연평균 5천만불 상당의 적자무역을 합하면 연평균 3억3천만불 선의 돈을 새로이 더 벌지 않으면 안 된다는 계산이 되는 것이다. 또 그렇게 된다 하더라도 그것은 경우 현상을 유지하는 데 그치는 일이다.

이에 가중되는 연평균 2.88%의 인구 증가, 즉 72만명의 압력은 또 어찌할 것인가.

우리의 사정은 원조를 받지 않고 적자무역만을 메워 현재 이하의 선에서 살기를 바라는 것만도 꿈 같은 이야기인데, 하물며 한 걸음 나아가 우리만의 힘으로 경제를 재건하고 운용하기를 기한다는 것은 기적 이외에 바랄 것이 못 되는 일이 아니겠는가.

그러므로 우리는 장래에 문제를 둘 여유가 없다.

막중한 경제사정을 어떻게 타개하여 나갈 것인가 하는 현재가 문제되는 것이다.

지금도 위기를 고(告)하는 수많은 국민의 생활난을 덜고, 해마다 당하여야 하는 식량부족을 극복하여야 하고, 일자리가 없이 부득불(不得不: 마지못해) 놀고 있는 실업군의 해결이 앞서고 있는 것이다.

앞으로 나아가지는 못할망정 후퇴할 수는 없다.

최대의 현상을 유지하는 정도에서 싸워 나가지 않을 수 없게 된 것이다.

한국의 경제문제는, 그 해결의 심폭(深幅: 깊이와 넓이)이 실로 복잡다기(複雜多岐: 일의 갈피를 잡기 어려움)하고 무한방대(無限尨大: 끝 모르게 큰 상태)할 뿐만 아니라, 모두가 다투듯 시급함을 요하고 있다.

본인이 혁명을 결심한 동기나 그 딱한 상황에 대해서는 전항에서 상론한바 있으므로 여기서는 생략한다.

그러나 5·16 군사혁명의 핵심은 민족의 산업혁명화에 있었다는 것을 재강조하고 싶다는 것이다.

물론 이 5·16 혁명의 본령(本領: 근본 줄거리)이 민족국가의 중흥 창업에 있는 이상, 여기에는 정치혁명, 사회혁명, 문화혁명 등 각 분야에 대한 개혁이 포함되어 있지 않았던 것은 아니나, 그 중에도 본인은 경제혁명에 중점을 두었다는 말이다.

먹여 놓고, 살려 놓고서야 정치가 있고 사회가 보일 것이며, 문화에 대한 여유가 있을 것이기 때문이다.

또한 이 경제부문에 희망이 없다면, 타 부문이 개혁되고 온전히 나갈 리가 없다는 것도 당연한 말이다.

중언복사(重言復辭: 반복되는 말)가 되겠으나, 이 경제재건 없이 공산당에 이길 수도 없고, 자주독립도 기약할 수 없는 일이다.

경제는 참으로 다루기가 어렵다.
지식만으로, 열의만으로 되는 것이 아니다.
그러나 그렇다고 내버려둘 수도 없는 일이 아니겠는가.
우리는 싸워서 이겨내야 한다.
이 싸움에서 이기면 살고, 지면 이젠 영영 죽는 도리밖에 없다.
5·16 혁명이 〈국민혁명〉으로, 국민혁명이 민족의 〈산업혁명〉으로 다시 진전되어야 할 이유가 바로 여기에 있는 것이다.

이 같은 우리의 지상 과업, 이 경제 산업혁명은 무엇을 어떻게 하는 혁명인가.

한 마디로 말해서 이 난맥상의 경제를 완전한 궤도에 올려놓는 일이요, 각종 국가경제를 현대화하는 것이다.

2) 10년 전쟁의 어귀에 서서

본인은 이 목표를 위하여 그동안 최대 최고의 역량과 노력을 경주하였다.

경제개발 제1차 5개년 계획을 수립하고, 실천에 착수한 것이 그것이다.

울산의 공업도시화는 바로 이것을 표상(表象: 본받을 만한, 상징적인)하는 것이다.

본인은 행정력의 전부까지 동원하여 이 경제 해결에 집약하고 싶었던 것이 사실이다.

가능만 하다면, 군정기간 전부를 경제제일주의로써 국정 전반을 집행하고 싶기까지 하였던 것이다.

이같이 비장한 결의와 단호한 각오로써 경제재건의 포문을 열었다.

전술한 바도 있지만,

① 농어촌의 고리채 정리
② 제1차 경제개발 5개년 계획 수립과 그 실시
③ 통화개혁
④ 울산공업센터 설치
⑤ 국토건설단의 창설
⑥ 외자도입 태세의 강화
⑦ 예산 회계제도의 개선

⑧ 세제의 개혁

⑨ 국민 저축운동의 전개

⑩ 금융체제의 정비

⑪ 물가 안정조치의 강화

⑫ 대단위 탄광개발 방식의 채택

⑬ 중소기업의 육성

⑭ 광업개발 조성책의 확립

⑮ 개간촉진법의 공포

⑯ 외환정책의 강화

⑰ 수출진흥책의 확립

　기타의 시책에 의한 혁명정부의 실적은 이미 제2장에서 밝힌바 그대로 이다.

　혁명정부는 이와 병행하여 경제제도의 개혁을 단행하고, 새로운 행정제도를 창안하며, 경제외교를 강화하여 제도적인 면에서 급속한 경제성장을 이룩할 수 있는 기반을 마련하는 동시에 경제구조 면의 일대 개편을 단행하였다. 이는 경제의 성장과 발전을 위하여 취하여진 조치이다.

　일례로 그 성장률을 보자면,

부문	연도	%	비고
전력 제조 광업	1961	105.7%	혁명 전 1960년을
	1962	123.5%	100% 기준

그런데 여기서 우리가 유의할 것은 같은 혁명기간에 있어서도 1962년에는 1961년보다 17.8%나 증가를 보고 있다는 점이다.

이는 그만큼 일할 수 있는 기틀이 잡혀 있다는 것을 말하는 것이고, 앞날의 발전을 예고하고 있는 것이라고 믿어도 좋을 것이다.

특히 광업부문에 있어서는 18.7%란 놀라운 성장으로 실로 고무적이라 아니할 수 없다. 왜냐하면 우리가 외화를 획득할 수 있는 가장 유망한 대상이기 때문이다.

그리고 이상 각 부문을 다시 혁명이 나던 1960년 5월을 기준으로 본다면 더욱 실감나는 성장으로 주목될 것이라 본다.

즉 1962년 말에 광업은 47.1%, 제조업은 26.1%, 전력은 23.6%로 각각 증가하여 총체적으로 29.4%의 증가를 보여주는 것이 된다.

그러나 호사다마(好事多魔: 좋은 일에 따라 붙는 많은 방해)격으로 이 같은 성장의 한편에는 농작물의 돌연한 흉작을 가져온 것이다.

그 위에 정치활동 이후에 구정객들의 공연한 시비로 정국마저 다시 혼란해졌다.

이 피해가 얼마나 심각하였던가는 이미 국민제위가 다 알고 있는 사실이다.

가다가 아니 가면
아니 간만 못 하리

그러나 우리는 〈아니 갈 수〉 없었다.

가야 한다는 민족의 명령이 우리에게 내려진 지는 이미 오래이기 때문이다.

의식적으로 정쟁을 제기하고, 흉작이나 재해를 속마음으로 반기면서 그들은 집권 하나에 혈안이 되었지만, 우리는 묵묵히 소임을 다하는 데 멈추는 일이 없었다.

사실, 그와 같은 돌변(突變: 갑작스런 변화)이 없고, 만사가 제대로 돌아간다 하더라도 수습과 발전은 참으로 초인적인 힘이라도 감당하기 힘든 일이라 할 것이다.

사사로운 감정, 불만은 국가나 민족의 내일과 오늘의 난국을 위하여 버려야 할 일이요, 누가 하든 우선은 참으며 협조하는 것이 정상적인 정치가, 한 인간의 자태가 아니겠는가.

그러나 구악에서 나고 자란 그들에게 이것을 바란다는 것은 한갓 헛수고일 뿐, 어리석은 일이다.

한국의 비극은 여기에도 있다.

3) 전 국민의 청명과 피·땀·인내를

혁명 2년 동안 우리가 도달한 경제 실적이 이와 같이 경이적인 것이라 하더라도, 이것으로 우리는 낙관하거나 만족할 수 없는 일이다.

출발 두 걸음의 성과란, 미래의 긴 역정(歷程: 지나온 경로)에서 본다면 실로 대어일린지효(大魚一鱗之效: 큰 물고기의 비늘 하나 효과)에 불과한 것이다.

〈자주경제의 건설!〉

아무리 정쟁이 일상적인 일이라 하더라도 여기 하나의 과제 앞에서는 구정객도 엄숙하여지는 일말의 양심이 지불되어야 마땅할 것이다.

우리는 여기서 하나의 격언을 상기한다.

기실, 우리가 지상 목표로 진군하는 〈자주경제〉는 난공불락(難攻不落: 공격하기 어려워 쉽게 함락되지 않음)의 요새인 것이 분명하다.

〈나폴레옹〉이 넘은 설악(雪嶽) 〈알프스〉는 오히려 조각배도 나다니는 호수가 아닐까.

그만큼 우리는 험로는 걷고 있는 것이다.

그만큼 험준한 장벽의 성을 차지하려는 것이다.

더구나, 이제 뒤로는 물러설 수 없는 것이다. 혁명에는 후퇴가 없다.

여기에 어찌 여·야가 있으며 찬·반의 시비가 있을 것인가.

전 국민이 일치단결하여 최대한의 노력을, 최대한의 인내와 최고도의 피와 땀을, 그리고 정열을 경주하는 것에서만 보장되는 민족의 결실인 것이다.

교수는 좋은 이론을 제공하고, 정치가는 적절한 시책과 국민을 계도하며, 학자는 민족 재생의 철학을 창조하고, 문화 예술인은 건설의 의욕을 고조시키고, 전 상공인은 각기 산업에 매진할 것이며, 농민 노동자는 땀을 흘리고, 학생은 검소한 기풍으로 일신되고, 군(軍)은 천금의 중량으로 늠름(凛凛)하고, 모든 공무원은 진실한 봉사자가 되어야만 우리도 〈한강의 기적〉을 이룩할 수가 있는 것이다.

다시 정리하자면, 검소 강건한 생활 기풍을 이룩하고, 소비생활을 저축생활로 전환하고, 헐뜯는 사고에서 서로 협력하고 화합하는 이념으로, 〈돈〉 중심 사회에서 〈사람〉 중심으로, 원만하고 정의 있는 사회로, 물질 위주의 관념에서 신용 우선주의로 사회가 개혁되어야 한다는 것이다.

〈경제 지상〉

〈건설 우선〉

〈노동 지고〉(至高: 더할 수 없이 높음)

이러한 국민의 행동 강령이 제고되어야 할 것이다.

〈나세르〉 혁명이 〈아스완 댐〉을 그 상징으로 하듯, 우리의 5·16 혁명은 그 상징으로 울산공업센터와 제1차 경제개발 5개년 계획을 들 수 있다.

어려운 일이, 이일 앞에 기다리고 있을 것이다. 대적(大敵)일 것이다.

그러나 우리는 벌써 진군하였다. 10년 전쟁을 선언하고 나섰다.

전쟁은 일선에서만 좌우하는 것이 아니다.

후방의 뒷받침이 이를 좌우하는 것이다.

일선은 생명을 거는 대신, 후방 2선은 그만큼 지원을 지불하여야 한다.

괴로울 것이다.

지치기도 할 것이다.

그러나, 사활을 건 이 엄숙한 현실은 외면할 수가 없는 것이 아닌가.

제1차 경제개발 5개년 계획 수행에 따른 국민의 괴로움이나, 그 지침도 이만저만이 아닐 것이다.

본인은 그것을 모르는 바 아니다.

우리 한국은 20대의 청년이다.

〈젊은 때 고생은 사서라도 한다〉는 우리의 속담이 있다.

젊은 한국은 이만한 고생을 사서라도 얻어야 한다.

그만큼 가난하고 억눌려 온 지난날 우리는 곧잘 고생을 참아왔다. 평생을 이만한 고생을 그대로 지속할 것인가, 아니면 좀더 고생을 자원(自願: 스스로 원함)하여 후일의 안락을 기할 것인가.

답은 스스로 나올 것이다.

제1차 5개년 계획, 그 다음에는 더욱 고생이 되더라도 의당(宜當: 으레, 마땅히) 제2차, 제3차 5개년 계획을 수행하지 않으면 후일의 안락은 있을 수 없다. 자손들을 위한 유산은 도저히 남겨줄 수 없는 일이다.

〈고생하자〉

〈10년만 참자〉

이러고 나면 우리는 〈라인강의 기적〉도 〈신무(神武) 이래의 융성〉도 부러울 것이 없다.

남은 다 이룩할 수 있었는데, 우리만이 못한다는 까닭이 없을 것이 아닌가.

더구나, 우리가 이룩하려는 경제재건의 기회는 이 기회밖에 없는 것이다.

〈쇠는 달았을 때 때린다〉

그렇다.

이 경제재건의 기운이 달았을 때, 우리는 〈해머〉를 들어야 한다.

미국의 원조가 줄어들거나 끊어지기 전에 우리는 우리가 먹고, 입고, 살 수 있는 환경을 만들어 놓아야 한다.

아니, 미국의 원조가 있는 동안에도, 우리의 자주독립을 운용하기 위하여서는 이룩하여 놓지 않으면 안 되는 경제재건인 것이다.

〈어려울 것이다〉

〈우리 형편에…〉

이러한 망념(妄念)부터 버려야 한다.

소극적이고 회의적이고 자기(自棄: 스스로 포기하고 돌아보지 않음, 자포자기의 줄임말)적인 전통은 버릴 때가 지나지 않았는가.

〈하면 되는 것이다〉

〈태산도 하늘 아래 뫼이다〉

우리는 먼저 이 〈신념〉부터 확고히 하고 무장을 해야 한다.

여기 좋은 본보기가 있다.

〈이스라엘〉의 기적이 그것이다.

국민제위도 아시다시피, 이 나라는 산도, 들도, 초목도, 하천도 없는 막막한 사막이다.

그러나, 이 사막에 경이로운 근대도시가 서고, 이상적인 농토가 마련되었다면 무슨 생각이 들 것인가.

단지 그만한 조건이 되어 있었을 것이라, 이렇게 대견스럽지 않게 돌려버릴 수는 없는 충격을 받을 것이다.

생각하여 보자.

우리와 〈이스라엘〉을 비교하여 보자.

알맞은 기후, 비옥한 농토, 적당한 자원, 거기에다 아직도 얼마든지 개간할 수 있는 땅이 있고 물이 있다.

이만한 조건 하에 있으면서도 우리가 아직도 원시적인 초가에서 살지 않으면 안 되고 된장, 고추에만 부식을 의지하고 살지 않으면 안 될 까닭이 무엇인가.

물론, 외세로 인해 피곤한 이유도 있고, 정치가 잘못된 까닭도 없지 않았고, 돈이 없고 기술이 없고 물자가 없었다는 원·근인(遠近因: 멀고 가까운 여러 원인)이 없는 바도 아니다.

그러나 요(要)는 국민의 〈마음가짐〉, 이것이 크게 결함 되었다는 것을 아니 느끼는 사람이 어디 있고, 부정할 사람이 있겠는가.

결심하고, 투지있고, 향상하려는 몸부림이, 일찍이 없었거니와, 지금도 희박하다는 사실이 가장 큰 원망(怨望)이라 할 것이다.

우리는 이제라도 늦지 않다.

올바른 역사적 방향으로 향하여 나아가는 일이다.

굶고 빚을 져 가면서도 사치와 호화에 자유를 구가(謳歌: 기쁜 마음을 거리낌 없이 드러냄)하려는 머리를 돌려야 하는 일이다. 공장의 굴뚝이 하품을 하여도 국회의원만 되고 싶어하는 마음을 씻을 일이다.

애인만 만나면 〈택시〉를 타야하고 값비싼 식당에 들어가야 한다는 허식을 일체 털어 버려야 하는 일이다.

  소를 팔아서라도 대학을 다녀야 한다는 학구열의 탈선을 삼가는 일이다.

땀을 흘려라!
돌아가는 기계 소리를
노래로 듣고
...
2등 객차에
불란서 시집을 읽는
소녀야.
나는, 고운
네
손이 밉더라.

우리는 일을 하여야 한다. 고운 손으로는 살 수 없다.

  고운 손아, 너로 말미암아 우리는 그만큼 못살게 되었고, 빼앗기고 살아 왔다.

  소녀의 손이 고운 것은 미울 리 없겠지만, 전체 국민의 1% 내외의 저 특권지배층의 손을 보았는가. 고운 손은 우리의 적이다. 보드라운 손결이 얼마나 우리의 마음을 할퀴고, 살을 앗아간 것인가!

  우리는 이제 그러한 정객에 대하여 증오(憎惡)의 탄환을 발사하여 주자.

  영원히 그들이 우리를 부리는 기회를 다시는 주지 말자.

이러한 자각, 이러한 결의, 이러한 실천이 있는 곳에 비로소 경제도 재건되고, 정치도 정화되고, 문화도 발전되고, 사회도 건전하고, 종교도 승화되는 것이다.
　이것 없이, 우리에게는 기적도 발전도 바랄 수 없는 것이 아니겠는가.

〈피와 땀과 눈물을 흘리자!〉
기름으로 밝히는 등은 오래 가지 못한다.

〈피〉와
〈땀〉과
〈눈물〉로
밝히는 등(燈)만이 우리 민족의 시계(視界)를 올바르게 밝혀줄 수 있는 것이다.

4. 5·16의 이상혁명과 민주적 현실

본인은 이제 이 소저(小著: 부끄러운 저서)의 말미를 맺으면서 5·16 혁명의 혁명적 성격과 그 방향 및 이것이 민주주의적 현실과 어떤 관계에 있는가에 관하여 얼마간 논급하지 않을 수 없다.

그런데 여기 먼저 규명해야 할 것은, 이 5·16 혁명의 성격, 형태, 방향에 관한 문제다.

1) 이상혁명과 조용한 개혁

두말 할 것 없이 5·16 혁명은 당초 순수한 군사혁명이었다. 그리고 이 혁명은 본디 그 성격이 명확하였고, 그 목표에 있어 한계가 분명하였다.

그때 본인이 지향하였던 희망과 목표는 개요 세 가지로 나누어질 수 있다.

혁명공약에 천명되어 있는 바와 같이,

첫째는, 이 나라 사회의 모든 부패와 구악을 일소하고 퇴폐한 국민도의와 민족정기를 바로잡아 민족국가를 재건할 수 있는 새로운 터전을 마련하는 일이었고,

둘째는, 형식적이고 구호에만 그친 반공태세를 재정비 강화하여 긴박한 적색 위기를 막아내는 동시에, 절망과 기아선상에서 허덕이는 민생고를 시급히 해결하고, 국가 자주경제 재건에 총력 태세를 갖추되,

셋째, 이와 같은 기초작업이 성취되면 참신하고도 양심적인 정치인에게 언제든지 정권을 이양하고 군 본연의 임무에 복귀한다는 것이었다.

이것을 다시 한 마디로 요약하면, 군은 어디까지나 냉엄한 객관적 입장에 서서, 파멸의 위기에서 허덕이는 국가의 현실에 대하여, 그 위험한 과거를 청산케 하고, 현재의 터전을 확고히 하여 미래의 방향을 정확히 설정하되, 이 일이 끝나면 군은 군 본연의 위치로 돌아가겠다는 것이었다.

5·16 혁명의 특수성과 그 의의의 중요성이 바로 여기에 있었다.

우리는 본시 군이 아니고는 도저히 할 수 없는 민족국가의 위기를 구출하려는 것뿐이었고, 끝내 군 본연의 세계를 떠나지 아니하려 하였음이 우리들의 진정한 결의였다. 그런 까닭에 우리는 단 한 사람도 다치지를 아니 했고, 혁명의 적대세력에 대하여는 거의 무관심한 동시에, 오직 우리는 우리의 할 일을 수행하면 그만이라는 단조한 심경이었다.

그런데 여기에 있어서, 혁명의 책임자로서 본인은, 본인 개인의 신념으로 몇 가지의 혁명지도원칙을 가지고 있었다.

첫째, 혁명은 하되, 혁명 적대세력에 대하여 혁명의 수단을 통한 혁명적 처리를 피하고, 어디까지나 법질서의 범위 내에서 이것을 순리적으로 조정하는 것인데, 그 이유는 과거 우리의 역사에 있어 몸서리치는 보복 잔인정치를 저주한 까닭으로, 다시는 이를 되풀이하지 않기 위해서였고,

둘째는, 혁명은 하되, 그것은 어디까지나 민주주의적 원칙을 견지하자는 것으로, 그 이유는 혁명이 불가결하기는 하지만, 반만년 만에 처음 얻은 국민의 민주주의를 죽일 수는 없다는 것이며,

셋째는, 이같이 피 흘리지 아니하고 민주주의 원칙을 견지하면서 민족국가의 개혁 재건을 시도하는 이 이상혁명(理想革命)을, 국민의 자각과 지성과 결의에 준하여 수행해보자는 것이었다.

본인은, 본인 자신이 택한 이 같은 방식의 혁명이, 그 과정에 있어 얼마나 지난하고 힘든 일일 것인가는 사실 혁명 이전부터 추측하고도 남음이 있었다.

뿐만 아니라, 본인은 혁명의 반대 세력에 대하여, 혁명적 수단을 통한 철저한 소탕이 혁명의 공효(功效: 공을 들인 보람)를 빨리 결정적으로 결실케 한다는 통속된 원리는 백번 알고도 남음이 있었으나, 굳이 힘든 역정임을 충분히 알면서도, 순리적 이상혁명을 스스로 선택하였던 것이다.

이것은 거의 불가능한 일인 줄 알았으나 이것을 가능케 함으로써 다시는 이 나라에 상잔(相殘: 서로 다투고 싸움)과 유혈의 비극이 없도록 새 출발의 역사적 매듭을 지어보자는 절실한 염원이 있었다.

본인은 이 같은 원칙에 의거하여 구정치인에 대한 정치활동을 전면 해제, 허용하는 동시에 이 새로운 정치 활동 세계에서, 혁명을 계승할 수 있는 참신하고도 양심적인 신정치 세력이 대두해 주기를 진심으로 갈망하면서, 나라를 망치게 한 대부분의 구정치인들이 역사적 전환기란 중대성을 감안하여 스스로 자숙자계(自肅自戒: 자신의 행동을 스스로 조심하고 경계함)하거나, 민족적인 혁명과업에 진심으로 협조해 줄 것을 굳게 믿어 의심치 않았던 것이다.

그런데도 불구하고 정치활동 재개 이후의 국내정국은 본인의 이러한 기대와는 너무나 엄청난 정반대의 현상을 노정(露呈: 드러내어 보임)하였다.

첫째로, 그들은 거의 전부가 촌호(村毫: 터럭만큼, 조금)도 자숙자계(自肅自戒: 자신의 행동을 스스로 조심하고 경계함)하는 빛이 없었을 뿐만 아니라, 구태 그대로의 언행으로 정국의 전면적 혼란을 일으키게 하였고,

둘째, 혁명과업의 수행 협조는커녕, 모조리 적대세력으로 돌아서서 혁명의 파괴와 정국의 불안, 사회적 혼란을 야기시켜 극단적 위기의 조성으로 정권을 찬탈하여, 오로지 옛날 상태로의 환원을 시도하는가 하면,

셋째, 이들의 방약무인(傍若無人: 함부로 말하고 행동하는 태도)한 언동이 점차 정점을 지향하자, 이번에는 대담하게도 정면으로 혁명 자체를 부인하는 태도를 공공연히 표출하는 것이다.

그들의 언동이 이같았으므로 사태의 추이는 자명한 것이었다.

① 정권을 이양 받을 참신하고 양심적인 신정치 세력 대두의 소지가 완전히 말살 당하게 된 것이며,
② 혁명에 대한 확인이나 계승은 차치하고, 근본적으로 혁명 자체가 말살 당하는 것이고,
③ 두 차례의 혁명을 겪은 한국은, 조만간 그 이전의 상태, 아니 그 이상의 최악 상태의 구정(舊政: 옛 정치)으로 되돌아간다는 귀결

이었다.

사태가 이에 이르매, 본인은 실질적으로 재차(再次: 두 번째) 2단계의 혁명을 결심하지 않으면 안 되었다.

혁명이 말살되고, 참신한 새 세력의 등장이 봉쇄당하고, 구악의 전시장 같은 집단에 정권을 물려준다면, 대체 혁명은 무엇 때문에, 누구를 위하여 한 것이며, 또한 이 나라 민족은 어떻게 될 것인가. 이에 대한 가장 정확한 해답은, 혁명을 일으킨 자나, 혁명을 당한 자가 할 것이 아니라 마땅히 나라의 주인공인 국민제위가 해야만 할 것이다.

또, 이 해답은 어디까지나, 특정한 인물이나 세력의 인기, 이해에 기준될 것이 아니고, 국가 백년의 장래와 민족 천 년의 후손을 기준하여 설정되어야 할 것이다.

여기서 본인은, 본인 개인의 성망(聲望: 명성과 덕망) 여부를 초월하여 양차의 혁명을 무(無)로 돌리고, 조국과 민족을 다시금 구악에 명도(明渡: 남에게 넘겨줌)한다는 것은 민족국가에 대한 일종의 반역이라는 신념에 도달하게 되었다.

그 어떠한 방법을 강구해서라도 이 위기는 저지되어야만 했다.

이것을 막는 길에는 두 가지의 길이 있다.

그 하나는 혁명적 수단을 통한 방법이며, 그 둘째는 민주주의 원칙에 의한 국민의사의 판단에 맡기는 길이었다.

사실, 이 시기의 본인은, 본인이 원하기만 한다면, 그것이 국가 민족을 위한 길인 이상, 그 무엇이고 할 수 있는 힘과 권력을 가졌었다.

그러나 본인은 이 제2단계의 실질혁명의 방법으로 또다시 고요한 혁명-이상적 방법을 스스로 택하였다.

　본인은 국민이 납득할 수 있는 정국이 조성될 때까지 혁명정부의 존속 여부를 국민 투표에 부치기로 작정하였다.

　그러나, 이에 대하여 구정치인은 전면 반대의 폭거로 나오게 되었다. 그들의 이러한 반대는 언필칭, 민주주의를 구두선으로 하는 그들로서는 스스로 민주주의를 거역하고 국민의 존재를 부인하는 자가당착(自家撞着: (앞뒤가 서로 맞지 않고 모순됨)이었다.

　국민투표를 반대하는 그들의 이론은 간단한 것이었다. 이 조치가 끝내 국민투표를 실시하게 되면 틀림없이 혁명정부의 조치가 지지를 받을 것이라는 주장에서였다.

　그리고 그들은 그 통과가 그들 자신이 사용했던 부정투표가 될 것이라는 역설을 혁명정부 자체에 강제 적용하려 하였다.

　참으로 이렇게도, 저렇게도 통할 수 없는 딱한 논리가 아닐 수 없었다.

　요컨대 그들이 의도한 바는 간단하다. 오로지 적을 타도하여 정권만 쥐면 그만이라는 것이고, 그 길을 위하여는 논리도, 명분도, 방법도 오직 자신들이 원하는바, 선택하는바에 따라 그것은 일방적인 자유와 권리에 속한다는 이론인 것이다.

　이리하여 그들은 소위 무조건 〈극한투쟁〉을 전개하고, 하늘 아래 처음 보는 대통령 후보들의 〈산책소동(散策騷動)〉이 벌어졌던 것이다.

　그리고 그들의 유일한 항거 이유는 소위 군정연장 반대를 빙자한 국민투표 실시 거부였다.

　여기에서 본인은, 부득이 제3의 단계를 고려하지 않을 수 없게 되었다.

그것은 국민투표의 결과나, 그러한 조치가 가져올 장래의 국가적 위기는 고사하고, 그들의 저돌적인 도전이 양성(釀成: 술이나 간장 따위를 빚어 만듦)하는 사회적, 정치적 혼란이 국민의 정신생활과 민생에 끼칠 사태의 중대성을 우려한 까닭에서였다.

사실 이즈음 혁명의 적대세력들은 경제문제와 필사적 맞씨름을 하고 있는 혁명정부의 발목을 묶었으며, 식량위기, 물가고의 불안 등을 최대한으로 선동 조장하고 있었다.

그러나 본인은 또다시 혁명적 방법을 회피하고 조용한 방법-이상 혁명의 길을 택하기로 하였다.

그것은 서상(敍上)한 경과가 빚어낸 어쩔 수 없는 당연한 귀결이었다.

혁명을 인정하는-이를 계승할 만한 범국민적 신정치세력의 등장은 가망이 없고, 현실적으로 혁명의 추진파와 혁명의 반대파가 확연하게 신·구로 대립된 이상은, 이 양자택일의 최후 권한은 마땅히 국민이 가져야만 한다는 것이다.

이리하여 우리의 군 본연의 위치로 복귀하려던 당초의 희망이 타율적 정세에 의하여 좌절되었다.

우리는 혁명의 의의를 유지하기 위하여, 우리 스스로 정국의 담당 세력으로 등장하고, 또 그것을 배양, 구축하지 않을 수 없게 된 것이다.

사태가 이 같은 경로를 따라 이 시점에 이르렀는데도 불구하고 국민투표를 반대하던 야당이 이번에는 본인으로 하여금 강제 은퇴를 강요하고 있다.

물론, 본인이 은퇴하고 안 하고는 전혀 본인 자신의 자유일 뿐만 아니라, 또한 그것은 간단한 문제일지 모른다.

그러나 하나하나 그들이 주장하는 대로 하면, 두 번의 혁명은 걷어

치워야 하는 것이며, 따라서 한국의 위치는 1960년이나 4·19이전으로 되돌아가야 한다.

본인의 고민이 바로 여기에 있고, 전 국민이 생각해야 할 초점이 여기에 있다.

양차의 혁명을 무로 돌리고, 몸서리쳐지는 석일(昔日: 옛날 옛적)로 돌아가야 하느냐, 아니면 궤도에 올라선 바퀴를 굴려 전진의 혁명가도를 매진할 것이냐.

우리는 중남미처럼 혁명의 〈복놀이〉를 하고 있는 것은 아니다.

또 본인은 단호한 혁명의 조치가 얼마든지 있음을 알면서도, 끝내 어려운 이상혁명의 길을 스스로 택하였다.

지금 구정객들은 혁명과업의 실패를 소리 높여 위장 선동하고 있다.

그러나 우리는 세계 혁명사에 없는 평화적인 이상혁명을 추진하고 있다.

중남미, 동남아, 중근동, 〈아프리카〉 또 기왕의 역사상 우리의 경우와 같은 신사혁명이 또 그 어디에 있었던가.

본저(本著) 제4장에서 살펴본바와 같이, 그 모든 혁명들은 실로 피와 살과 뼈를 도리는 유혈의 투쟁이었으며, 몇 번의 반복, 몇 차례의 진퇴를 통한 적에의 무자비한 탄압, 섬멸적 투쟁으로써 비로소 하나의 혁명들을 결실시킨 것이 아닌가.

단 1명의 사망, 단 1명의 부상도 없이, 혁명의 전 적대세력을 대등한 위치에 개방하고, 순리와 자유경쟁의 원칙에서 혁명의 결실을 시도한 예가 세계 혁명사의 그 어느 대목에 있는가.

실로 혁명도 안가(安價: 헐값)한 것이 아니려니와, 한 민족국가의 재건이 그렇게 값쌀 수가 없다. 우리는 이 길이 아무리 험난하고 어렵다 하더라도, 이 조용한 혁명, 민주주의적 이상혁명을 국민의 의사에 의하여 완수함으로써 세계에 으뜸가는 민족의 우수성을 과시하고, 당쟁과 유혈과 보복으로 점철된 역사적 악(惡)유산을 청산해야 할 것이다.

2) 국민의 진정한 민주주의적 판단

혁명을 혁명적 방법에서 택하지 아니하고 민주주의적 이상혁명에서 택한 우리들의 진정한 문제점은 이 혁명이 가지는 민주주의적 체제와의 조절, 병립관계이다.

누차 언급한 바와 같이, 한국에 있어서의 민주주의는 오늘의 미국이나 불란서나 영국에 있어서의 민주주의와 맞지 않는 점이 있다고 하는 것은, 이미 모든 지식인들이 공인하는 바이다.

췌론(贅論: 너저분한 이론을 내세움)할바 없이 진정한 민주주의는 무엇보다도 먼저 건전한 경제적 토대 위에 확립될 수 있다.

그런데 우리의 경우는 건전한 경제적 토대는커녕 오히려 생사의 기로에서 허덕이는 경제적 파탄과, 정치와 경제와의 부정거래로 기형 재벌이 속출하여 국민 개인의 빈부의 차, 도시 농촌간의 격심한 생활격차로 지극히 불균형인 〈절름발이〉 경제 위에 고민하고 있다. 또 건전한 민주주의는 진실과 정직과 법률본위의 정치적 토대 위에 설 수 있는 것이로되, 우리의 그것은 허위와, 과장과, 부패, 무능, 독선으로 미비(彌備: 두루 갖춤, 가득 참)가득 차 민주주의의 허점을 역이용해서 왜곡된 〈위장 민주주의〉를 조장해 놓았다.

그리고 건실한 민주주의는 국민 일반의 평행적 지식과 민도의 고도화된 발양(發揚: 기운을 펼침)의 반영이라야 한다.

그런데, 우리의 경우는, 아직 민주주의는 일부 한정된 지식층의 전매특허적 완상물(玩賞物: 구경거리)이거나, 직업 정상배(政商輩 정치와 결탁해 세속의 야심을 채우려는 무리)의 생활 밑천처럼 되어 왜곡된 위장 민주주의에 시달린 국민으로 하여금, 의식적인 혐오가 아니면 고통, 번민, 불평의 배출구로 오용되고 있다.

건전한 경제적 바탕, 균등한 국민의 지식수준, 이성적 언동이 바탕된 건전한 정치적 전통이 있는 사회라면, 본인이 택한 민주주의적 이상혁명은 훨씬 쉽고 그 진도가 빠를지 모른다.

그러나, 지금 이 나라의 현실처럼 좋은 일에보다도 나쁜 일의 경우에 편중되는 듯한 오산된 민주주의는, 양화(良貨: 품질이 좋은 화폐)의 대의보다는 악화(惡貨: 품질이 나쁜 화폐)의 간지(奸智: 간사한 지혜)가 이를 역용하는 폐단이 더욱 많다 해도 과언이 아닐 경우가 비일비재(非一非再: 한둘이 아님)하다.

그러나 동시에 진정한 민주주의에의 길 또한 이러한 힘든 역정을 거쳐야만 비로소 되어진다는 것도 사회진화 법칙의 한 원리이다.

그런 고로 우리는 지금 두 가지의 난관에 부딪치고 있다.

혁명도 완수해야 하고, 민주주의도 길러 가야 한다는 그것이다.

그러면 이에 있어서 최후의 심판자는 그 누구인가. 두말 할 것 없이 전체 일반국민이다.

본인이 사상(史上) 무비(無比: 견줄 게 없음)의 공명선거를 통하여 제3공화국을 세워보려는 절실한 충정(衷情: 마음속의 참된 정)이 바로 여기에 있다.

이제, 국민제위는 혁명의 추진세력과 혁명의 반대세력, 구세력과 신세력을 앞에 놓고, 건설과 협조와 전진의 신민주주의를 개척하여,

보다 복되고, 희망적이고. 의욕적이고, 진실된 참신한 사회에의 길이 그 어느 길인가를 선택해 주지 않으면 안 된다.

 1963년 10월, 11월에 내려야 할 한국 국민의 순간적 일직(一直: 한결같이)의 판단들은 실로 안으로 국가와 민족과 역사의 운명을 판가름할 것이며, 밖으로는 어제까지의 한국으로부터 내일에의 신한국의 문을 여느냐 닫느냐의 역사적 기점이 될 것이다.

5. 조국의 미래상

이상에서 본인은 혁명의 책임자로서 혁명의 전후상(前後相)과, 하여온 일, 그리고 그밖에 혁명과 관련되는 제문제를 살펴봤다.

그러면, 이 모든 사상(事象: 사물의 현상)들을 기저로 하여, 우리가 세우려 하는 조국의 미래상은 어떤 것이어야 하겠는가 검토하여 보자.

다음에 대강 그 중요한 것을 정리하여 본다.

1) 정치분야

첫째, 국민의 정치 과열을 정상화한다.

직업 정치가와, 사회적 각 계층을 대표하는 인사로서 정치사회를 형성하여 정치의 권위를 확보하게 하고,

둘째, 참신한 인사를 제외한 구정치인은 제2선으로 물러서게 하고, 새 역사의 창조에 원동력이 될 신세력 중견층의 등장을 지원한다.

그 이유는 여기서 새삼스레 설명할 필요가 없을 것이다.

망국의 요인이던 붕당의 출현을 막고, 전근대적인 제(諸)정치악을 예방하며, 확고한 주체성을 견지하여 전진하는 역량을 기대하기 위함에서이다. 이러지 않고서는 창의가 있을 수 없고, 새 기풍이 조성될 수 없을 것이다.

셋째, 반공, 경제 지상주의의 공통 이념 하에 비판의 자유가 보장

되는 양당제의 실현,

　넷째, 왜곡된 정당관과 기회 만능주의를 지양함으로써, 정부, 의회, 정당의 책임 한계를 분명히 하고,

　다섯째, 영합, 아부주의가 없는 확고한 지도원리 하의 교도정치(教導政治: 형식은 민주의지만 실제로는 권위주의 통치체제)와 선동, 과장, 위선, 이설 등의 속임수 없는 진실, 정직, 성실로써, 국민을 따라오게 하는 정치 기풍의 확립을 기한다.

2) 경제분야
　지상경제(至上經濟: 경제 최우선), 냉각정치(冷却定置: 정치 과열현상을 식힘)의 신〈모토〉하에, 개인의 가정에서부터 전 사회 각 부문에 이르기까지 일대 경제재건 의식을 제고하여, 검소하고, 내핍하고, 절약 저축하는 신생활을 확립한다.
　또한 방관, 안일, 나태, 불로(不勞), 사치를 철저히 배격하며, 노동을 신성시하게 하며, 지금까지 도시에로 집중하던 모든 관심을 농촌, 어촌, 광산지구로 돌리게 하고, 금력, 권력 위주의 경제관을 노동, 성실, 신용 위주의 경제관으로 바꾸게 함으로써, 서민 중산층의 건전한 진출과 국민경제 재건에 새로운 활력소가 되게 한다.

3) 문화·사회분야
　봉건적 전근대성과 맹목적인 외세 사대관념을 철저히 배격하고, 우리의 과거와 현재에서, 외래사조의 장점을 취택(取擇: 여럿 가운데

서 골라 뽑음)하여, 민족의 고유성, 전통, 주체의식을 토대로 신한국관, 신민족문화관을 확립하게 한다.

새로운 문화관을 창조하고, 새로운 사회풍조를 이룩하여 〈우리의 것〉을 형성 견지하게 하고 자랑하게 할 것이다.

자아 상실증, 민족 혐오증, 부화허식(浮華虛飾: 실속 없이 겉만 화려함), 기생주의를 지양 일소하고 자립 갱생의 기상을 진작한다.

거짓 없고, 불신이 없고, 의심이 없고, 정직과 신용과 상호부조하는 신기풍을 환기하여 신국민성을 조성하는 것이 되어야 한다.

이같이 함으로써, 우리는 안으로 우리 규범대로의 복지사회를 건설할 수 있고, 동포로서의 온정사회를 일으킬 수 있고, 각계각층의 분야에 열중함으로써 사회 분업성을 최대한 발휘하여, 그 결집된 민족역량을 한데 모아, 신한국의 새로운 면모를 갖추고, 밖으로는 비굴하지 않고 허약하지 않은 떳떳한 주권국민으로서 원교근친(遠交近親: 먼 나라와 교류하면서 가까운 이웃 나라들과 선린관계 구축함)하여 해외에 진출하여야 할 것이다.

본인은 여기서, 본인이 구상하고 희망하는 금후의 국민행동강령으로서 다음 6개 사항을 제의한다.

〈완수 혁명〉〈전진하자〉
〈건설 경제〉〈노동하자〉
〈단결 민족〉〈실천하자〉

6. 친애하는 동포에게

친애하는 동포제위.

이제 본인은 일단 할 이야기를 여기서 그치려 한다.

원래, 이 글은 하나의 완성된 책자로 출판할 것을 목적으로 집필한 것도 아니거니와, 또 제위가 아시다시피, 본인은 그만한 시간도 갖지 못한 터였다.

다만, 혁명 이전 구정 말기로부터 5·16 당시 한강을 건너와 오늘에 이르기까지, 그동안 본인이 느낀바 분노의 결단, 그리고 비분, 애정, 소회를 정무의 여가에 몇 자 적어둔 것이 이것이 되었을 뿐이다.

본인은 혁명의 책임자로서 언제나 제위와 같이 있고, 같이 생각하고, 같이 행동하여야 할 것이지만, 혁명이란 특수 여건으로 인하여, 본인의 평소 생각과는 달리, 자주 대중과 접촉할 수 있는 기회와 시간을 얻을 수 없었던 까닭으로, 이 책자의 출판을 통하여 호소하고, 이해도 얻고 싶은 생각이 아주 없었던 것은 아니었다는 심회(心懷: 마음 속 생각)를 이 자리에서 펴본 것일 뿐이다.

사실 그렇다. 본인은 문필가나 직업적인 정치가가 아니므로, 졸문(拙文: 보잘것없는 글)이고 능란한 내용이 되지 못하면서도 인쇄에 붙이게 되었다.

다만, 국민제위와 같이 있고 싶고, 같이 걱정하고 싶고, 같이 일하고 싶은 욕망이 앞선 까닭일 것이다.

양찰(諒察: 헤아려 살핌)을 바란다.

1) 나의 진정한 호소

혁명정부의 종반에 임하여 본인이 국민제위께 호소하고 싶은 일이 어찌 한두 가지랴.

제3공화국 전야와, 밝은 그날을 위하여 본인은 기도하는 것같이 경건한 마음으로 국민제위에게 당부하려 한다.

첫째, 이 혁명만은 무슨 한이 있더라도 지키고 발전하게 하고 승화되게 해야겠다는 것이다.

우리의 역사가 있은 뒤 오늘 이때까지, 때때로 순수한 민중혁명이 없어 온 것은 아니었으나, 그 하나도 성공을 보지 못하고 싸늘하게 식어가지 않았던가.

멀리는 홍경래의 난이며 동학의 난, 갑신정변으로부터 가까이 3·1운동이나 4·19 혁명에 이르기까지, 그 어느 한 몸부림이 제대로 열매 맺은 일이 있어 왔던가.

이중 단 하나라도 온전히 결실되었더라면, 우리의 비극은 그만큼 단축되었을 일이다.

그러나 안타깝게도 모두가 악(惡)에 되말리어, 의(義)는 끝내 숨지고, 악은 더욱 도끼날로 시퍼래 왔으니, 참으로 국운이 이렇게도 불운하였던가.

그렇지만 5·16 군사혁명은 실로 이 같은 우리의 역사에서 처음으로 찾아내는 성공이다.

이는 이전에 있는 4·19 혁명의 연장으로서 국민혁명으로 승화되었다. 이 혁명을 놓치고 잡는 것은 국민이다. 국운을 알거든 모두들 이 대열에 나서라.

친애하는 국민제위,

독재와 부패의 아성을 무너뜨린 4·19 혁명을 가로챈 무리들로부터 국권을 되찾고, 사라지는 자주정신과, 숨지는 경제에 생기를 돋우어가지고 국민제위에게 돌렸다.

우리의 1차 일은 이것으로 다한 셈이 되었다.

다만, 금후의 역사와 민족국가의 운명은 여러분의 판단 결의 여하에 달렸을 뿐이다.

후퇴도 복고도, 전진도 혁신도 여러분의 양식에 달렸다.

금을 손에 쥐고 돌이라 내버린다면, 그것으로 그 일은 끝나고 마는 것이다.

잘 사는 나라와 못 사는 나라의 차이는 간단히 증명할 수 있다.

금을 금으로 알았다는 것과, 금을 돌로밖에 보지 못하였다는 차이 이외에 다른 아무것이 없는 것이다.

5·16 혁명을 혁명으로 받아들이거나, 버리거나 양자택일에서 우리의 사활은 결정되는 것이다.

하도 속은 우리들은 남의 이야기를 믿지 않게 되었지만, 그 믿지 않았던 일에 믿어서 좋은 일이 과연 하나도 없었던가, 생각하여 보자.

있었을 것이다. 돌아다보면, 지나고 나면 그 진부(眞否: 참됨과 거짓됨)는 드러나기 마련이다.

그러나 그때는 이미 늦다. 미치지 못하는 것이다.

둘째로, 〈순수한 민중〉으로 되돌아가 주기를 바라는 바이다.

해방과 함께 급격히 밀려온 구미식 사조로 하여 우리들 민중의 생활상은 완전히 교란(攪亂: 어지럽고 혼란함)되고 말았다.

지리산 산곡(山谷: 산골짜기)의 농부의 생활마저 그렇게 되어 버렸고, 정치와 결부되고 모리(謀利: 부정한 이익만을 꾀함) 직결되어 그 순수하던 한국의 풍정(風情: 정서를 자아내는 풍취)은 사라져 찾아볼 길이 없게 되었다.

한 사발의 탁주, 한 마디의 감언에 욕을 보게 되었고, 착한 여러분으로 하여금 차차 야박한 세상에 적응하는 더욱 야박한 사람으로 등장하게 만든 그 자가 누구였던가.

다시 한 번 속을 것인가.

이러한 무리를 국정에 또다시 발붙이게 하고 안하고는, 오직 여러분들의 의사에 달렸다 할 것이다.

우리 민족은 건망증(健忘症)도 많았다.

그러나 이번 제3공화국의 수립에 있어서만은, 그럴 수 없는 것이다.

목숨과 맞바꿀 건망증일 수는 없기 때문이다.

끝으로, 본인이 다시 한 번 당부하고자 하는 것은, 어려운 고비일수록 참고 견디어 나가자는 것이다.

혁명에 밀려난 부패 구정치 세력들은 최후의 힘을 다하여 최대한의 선동과 파괴적인 언동을 다할 것이다.

그중에도 저들은, 혁명이 일어난 다음부터 우리가 못살게 되었다는 것으로 화살을 돌릴 것이다. 그러나 우리는 그저 못하는 것이 아니다. 또한 못 살기는 못 살아도, 과거 저들이 정치하던 그때 살림하고는 차원을 달리하고 있다는 것을 알아야 하는 것이다.

저들이 부정하여 먹는 바람에 우리가 못 살았지만, 지금 우리는 집안 살림을 늘리느라고 우선 고생을 하고 있는 것이니까 말이다.

더구나, 생각하여 보자.

뜻하지 않았던 흉작과 풍수해가 겹쳐, 우리에게 많은 시련을 주었다.

운이 없다면 몰라도, 저들처럼 악정치의 여파로서 우리가 못 살고 있는 것이 아니다.

한없는 고통이 앞으로도 다가올 것이다.

본인이 앞에서 각국의 혁명 전 고통상(相)을 상기한 까닭도, 우리의 인내를 사후에 상기코자 한 때문이었다.

거기에 비하면 우리는 참으로 좋은 조건 하에 있다고 느껴질 것이다.

우리가 제1차 5개년 계획이란 고생을 사서 하는 까닭도, 그와 같은 처참한 사정을 사전에 방지하고자 하는 뜻임을 국민제위는 이미 이해하고 있을 것으로 믿고 싶다.

모든 고난을 이기지 못하는 민족은 그대로 끝이 나고 말았다.

이것은 엄연히 역사가 증명하고 온바 그대로이다.

반대로 이를 복구하고 이긴 민족은 어떤가.

〈에지프트〉가 어떠하며, 일본이 어떠하며, 중국이 어떠하며, 토이기(터키)가 어떠한가?

고난은 실로, 그 민족으로 하여금 영광을 주는 교환대가 되어 왔던 것이다.

그러므로 소극적인 안락보다, 우리는 적극적인 고난을 스스로 구하여야 하는 것이다.

〈양약(良藥: 좋은 약)은 입에 쓰다〉고 하지 않았던가.

우리는 희망 있는 고난을 찾고, 참는 데 어린아이가 되지 말자.

건국 20년이면 의젓한 청년으로, 지각도 판단력도 갖추어야 할 것이다.

부정과 간계(奸計: 간사한 꾀)를 박차고 여러분은 여러분의 〈승리의 자위(自衛: 스스로 지킴)〉에 과감(果敢: 용감하게 행동함)하여야 할 것이다.

그렇지 않고서는 정치고, 경제고, 민주주의는 한갓 절망하던 옛날로 되돌아가고 만다는 것을 명심하여야 할 것이다.

2) 나의 갈 길

경상북도 선산군, 이곳이 본인이 태어난 곳이다.

20년간의 군대생활, 그리고 소년시절에도 본인은 자립에 가까운 생활을 배워 왔다.

그만큼 가난하였기 때문이다. 그것은 본인에게 큰 도움이 되었다.

그 환경이 본인으로 하여금 깨우쳐 준바 많았고, 결의를 굳게 하여 주기도 하였다.

이같이 〈가난〉은 본인의 스승이자 은인이다.

그러기 때문에 본인의 24시간은, 이 스승, 이 은인과 관계있는 일에서 떠날 수가 없는 것이다.

〈소박하고, 근면하고, 정직하고, 성실한 서민사회가 바탕이 된, 자주독립된 한국의 창건〉, 그것은 본인의 소망의 전부다.

동시에 이것은 본인의 생리인 것이다.

본인이 특권계층, 파벌적 계보를 부정하고 군림사회(君臨社會: 강한 세력으로 지배하는 사회)를 증오(憎惡)하는 이유도 여기에 있을 것이라 생각된다.

본인은, 한 마디로 말해서 서민 속에서 태어나고, 자라고, 일하고, 그리하여 그 서민의 인정 속에서 생이 끝나기를 염원한다.

진정, 꾸밈없이 말해서 그렇다.

주지육림(酒池肉林: 호사스러운 술잔치)의 부패 특권사회를 보고 참을 수 없어서 거사한 5-16 혁명은 그러한 본인의 소원이 성취된 것에 불과하다.

그러나, 본인은 이 소원의 전부를 이룩하지 못한 채 민정(民政: 민간인에 의한 정치)으로 넘기게 되었다.

그러나, 본인과 같은 〈가난〉이라는 스승 밑에서 배운 수만명의 동문이 건재하고 있는 이상, 결코 쉴 수도 없고, 후퇴할 수도 없는 〈염원〉인 것이다.

국가와 민족과 혁명과, 많은 가난한 사람의 편에 서서 일하여 온 본인으로서 갈 길은 있을 것이다.

그러나, 그 길은 국민제위가 지시하는 길이어야 할 것은 물론이다.

왜냐하면, 군정(軍政)을 끝내는 본인으로서는 그것이 마지막으로 남은 의무이기 때문이다.

끝까지 읽어 주셔서 감사합니다. 저자

| 편집 후기

청년 독자들이 이 책의 옛 향취 속에서
혁명가 박정희를 새로이 되새길 수 있기를

　혁명가 박정희의 『국가와 혁명과 나』를 독자들께 선보인다. 뜬금없이 왜 박정희냐는 의문을 가질 것이다. 우리는 수없이 박정희를 말했지만 진정코 그를 바로, 그리고 깊이 알지 못한다. 교사, 군인, 혁명가, 정치인 등의 경로만으로 그를 알아서는 박정희 절반도 접하지 못한 것이다. 인간 박정희와, 혁명가 박정희, 그리고 군인 출신 정치인 박정희의 체취를 그대로 담아 전하고 싶은 마음에서다.
　판본은 판권의 〈1963년 8월 25일 찍고 동년 9월 1일 내다〉에서 알 수 있는 그대로, 향문사 발행의 초판이다. 연이어 중쇄를 거듭했지만 몇 판, 몇 쇄를 찍었는지 기록은 없다. 참고로 정가는 80원, 판권 소유자 박정희의 인장이 잘 새겨져 있는 희귀본에 속한다. 이원홍 전 문공부 장관께서 애지중지 간직하던 귀한 책을 선뜻 내놓으셨다. 책의 표지는 많이 닳았고 페이지마다 견출지가 붙고 밑줄과 메모까지 남긴 것으로 보아 얼마나 열심히 그리고 적극적으로 이 책을 탐독했는지를 실감하기 충분했다.
　책은 소박하고 간결하게 인쇄됐다. 표지는 물론 본문 디자인과 장정에는 화려한 티가 전혀 없다. 박정희의 서민 철학에 잘 부합한다는 느낌이다.

책의 발간 시점은 1963년 8월 혁명군인 박정희가 육군 대장으로 전역해 그해 10월 15일 치르진 제5대 대통령 선거에 당선했던 사이다. 그가 국가재건최고회의 의장으로 민정이양 약속을 파기하고 민간인으로 대통령 선거에 도전해 공식적으로 정권을 잡았던 과도기였다. 책 전반에 그의 갈등과 번민이 묻어있는 것은 그 때문이다. 가령 이런 대목, 〈정확히 말하여 5·16 혁명은 구세대와 부패된 기성층에 대하여 그 세대적 교체를 절망하던 국민혁명의 보증자이다. (…) 그러한 뜻에서 이번 혁명의 실패 여부는 실로 천재일우(千載一遇) 역사 진퇴의 분기점이다. 이 혁명은 박정희란 개인에게 줄 수 있는 영향은 참으로 미미하기 짝이 없다.〉

고심 끝에 가급적 원본의 흔적과 의미를 살리자는 쪽으로 가닥을 잡았다. 옛글을 그대로 옮기면서 어려운 한자에는 주석을 달고 결정적인 오탈자 등을 잡았다. 글과 본문 디자인을 모던하게 고치고 예쁘게 꾸미면 읽고 보기는 편하지만, 당시 혁명가 박정희의 기개와 진정성을 훼손할 것은 같은 느낌에서였다. 글을 전개하면서 사용하는 〈1, 2, 3, …〉 〈가, 나, 다 …〉 〈ㄱ, ㄴ, ㄷ …〉 등을 그대로 준용하면서 심지어 각 장(챕터) 시작부분(소위 도비라)의 흑백 일러스트레이션(삽화)도 재사용해 책의 예스러움을 살렸다. 잘 판단했다는 평가를 독자들과 함께 나눌 수 있었으면 좋겠다.

본문의 글은 전체 명사가 한자로 돼 있다. 우리가 연결부사로 알고 있는 都大體(도대체), 及其也(급기야) 등이 보이고, 悉知(실지: 잘 알고 있음), 圍繞(위요: 지역이나 현상을 둘러쌈), 發揚(발양: 기운을 펼쳐 일으킴), 贅論(췌론: 너저분한 이론을 내세움), 彌備(미비: 두루 갖춤, 가득 참) 같은 어려운 한자어도 자주 등장한다. 瞬時(순시: 짧은 시간, 잠시), 風情(풍정: 정서를 자아내는 풍취), 破逸(파일: 깨트림), 安價(안가: 값싼, 싸구려), 謹識(근식: 삼가 글을 올림) 등은 지금 다시 애용해도 좋을 정도로 정감이 가는 단어군이다. 이에 이번 재발간 작업은 한글 문장을 기본으로 하면서 어려운 단어에는 한자를 주로 달고 친절하게 뜻을 붙였다. 한자를 모르는 세대에의 배려다.

맞춤법과 띄어쓰기도 가급적 원본 그대로 두는 것을 원칙으로 했다. 오타나 교열 착오로 보이는 것만 바로 잡았다. 일부는 요즘 문법에 맞는 표기를 괄호 속에 병기했다. 흔히 약물이하 부르는 문장부호는 단순했다. 마침표(.), 쉼표(,), 가운뎃점(·), 말줄임표(…)를 주로 사용하면서 인용문이나 인용구절, 강조하고 싶은 단어나 글귀, 그리고 외래어 로마자 표기를 전부 화살괄호(〈 〉) 하나로만 처리한 것도 독특했다. 예컨대 〈에지프트〉(이집트), 〈아르젠틴〉(아르헨티나) 같은 표기도 보이고 土耳其(토이기: 터키, 지금의 튀르기예), 比律賓(비율빈: 필리핀), 香港(향항: 홍콩), 佛蘭西(불란서: 프랑스) 같은 표기는 정겹기까지 하다. 문장은 〈되는, 되고, 되다〉 등 피동태와 〈~ 것이다.〉는 표현을 많이 사용, 당시의 주류 문장, 그리고 박정희 문체를 짐작케 했다. 문장에 쉼표를 자주 찍어 글쓰기와 글읽기의 호흡을 맞춰가고 있었으며 몇 개 문장을 이어쓰기 해 한 단락을 만드는 대신 문장마다 행을 나누는 글쓰기를 자주 구사한다. 모두 옛 글쓰기의 흔적에 해당하는 셈이다.

저자 박정희는 책에서 스스로 자신은 군인일 뿐, 경제 전문가도 문 필가도 아니라고 실토한다. 하지만 한국은행 조사월보와 세계통계연 감 등을 인용하며 경제 상황을 분석하고 미국 원조와 잉여농산물 도 입의 빛과 그림자를 논하는 대목에서는 뛰어난 직관력과 혜안을 드 러낸다.

특히 국가재건최고회의 의장 당시 2년의 경제성과 및 미비점을 지 적하는 부분에선 웬만한 경제산업 조사분석자의 수준을 능가하는 듯 하다. 그런가 하면 유명 시인의 작품을 인용하거나 자신의 시를 담아 글을 써 내려가는 솜씨는 읽는 이의 마음을 기름지게 할 정도다. 모 두 혁명가 박정희 다른 진면모를 읽게 하는 대목이 아닐 수 없다.

책에는 온통 혁명가 박정희 혁명정신, 즉 경제성장을 최우선으로 하여, 종국에는 반듯한 민족국가로 개혁하겠다는 열정으로 가득하 다. 가령 이런 대목,

〈이 혁명은 그 계기 자체가, 한국 근대사 전환이며, 해방 전후 다 음 가는 제3의 출발이자, 민족중흥 창업의 마지막 기회인 것이다. 그 런 고로 이 혁명은 정신적으로 주체 의식의 확립혁명이며, 사회적으 로 근대화 혁명이요, 경제적으로는 산업혁명인 동시에, 민족의 중흥 창업혁명이며, 국가의 재건혁명이자, 인간개조—, 즉 국민개혁 혁명 인 것이다.〉

〈총력을 민족경제의 타개에 집결케 하고 부흥에 일로매진(一路邁 進)이 있을 뿐이다. 하루라도 빨리 자주경제를 확립하고 내 살림을

내가 맡아 해나가는 숙원을 이룩하여야 한다. 1961년 5월 이전, 본인이 혁명을 거사케 한 직접적인 주요 목표가 바로 이것이었다. 자주! 그것은 오직 자주경제 이외에 잡을 그물이 없는 것이다.〉

〈한국에 솟는 태양은 동해에 서가 아니고 농촌의 산이나 들이어야 한다.

여기에 우리의 희망은 밝아오기 때문이다.〉

인용이 길어졌다. 그만큼 책이 혁명가 박정희의 시대적 고민과 결단의 순간을 감동적으로 담아내고 있다는 의미다.

『국가와 혁명과 나』는 1963년 초판이 출판된 이래 간간이 출판되었다. 그러나 2017년 K출판사에서 펴낸 너무 한글풀이를 하는 바람에 원래의 묘미를 제대로 느낄 수 없는 점이 아쉬웠다. 고심 끝에 최대한 원본의 의미를 최대한 독자들에게 전달하자는 데에 편집 방향을 정하였다. 그래서 원본의 의미를 별도 색으로 표기를 하여 이해를 돕고자 하였다.

긴 세월을 건너 이 책을 다시 만날 수 있게 해주신 김정출 일본 청구학원 이사장님과 추천의 글 게재를 허락해 주신 민족중흥회 정재호 회장님께 다시금 감사를 드린다. 만든이로서 독자들, 특히 청년 독자들이 이 책의 옛 향취 속에서 혁명가 박정희를 새로이 되새길 수 있길 바라는 마음 간절하다.

최수경(글마당 앤 아이디얼북스 대표)

거인 영전에 바치는 노래

성우 고은정(1936~)

억만 년 인류 역사에
백년은 지극히 소소한 시간입니다.
그러나.
당신이 태어나신 백 년은
너무도 깊고 선명한 지문이였습니다.
오천 년 역사에
이전에도 이후에도 없을 자취를 남기고 가신
당신은 참으로 작은 거인이었습니다.
민초들은 전쟁의 상처의 기아에서 헤매는데
네가 옳다 내가 옳다 정쟁으로 날이 새는
국가존망의 위기를
차마 눈 뜨고 볼 수 없어
분연히 혁명의 새벽을 가르셨습니다.
아시아 대륙의 끝자락에 맹장처럼 달린 반도의 땅
건국 3년에 벼락 기습을 받은 자유민주주의 대한민국은
일촉즉발의 위기였습니다.
부존자원이라고는 눈 씻고 볼 수 없는 척박한 땅
오랜 가난과 실의에 길든 민초들 가슴에
잘 살아보세 잘 살아보세
우리도 할 수 있다는 불쏘시개가 되어
요원의 불길을 일군 당신께서는
한강의 기적으로 세계를 경탄케 했습니다.
마이 카 시대가 무슨 자꼬대냐며
고속도로 건설현장에 가로 누운 훼방꾼들을
당신은 리무진으로 그 길을 달리게 했습니다